山西师范大学教材建设资金资助

山西师范大学课程思政通识课教材

大学生活与法律

韩卫平　乔巧巧　主编

中国商业出版社

图书在版编目（CIP）数据

大学生活与法律 / 韩卫平，乔巧巧主编 . -- 北京：中国商业出版社，2021.7

ISBN 978-7-5208-1696-0

Ⅰ . ①大… Ⅱ . ①韩… ②乔… Ⅲ . ①法律 – 中国 – 高等学校 – 教材 Ⅳ . ① D92

中国版本图书馆 CIP 数据核字（2021）第 139041 号

责任编辑：于子豹　袁　娜

中国商业出版社出版发行

010—63180647　www.c-cbook.com

（100053　北京广安门内报国寺 1 号）

新华书店经销

北京亚吉飞数码科技有限公司印刷

*　*　*　*　*

787 毫米 ×1092 毫米　16 开　9.75 印张　175 千字

2022 年 3 月第 1 版　2022 年 3 月第 1 次印刷

定价：68.00 元

*　*　*　*

前　言

本书是一本为本专科院校的法学通识课程编写的专门教材，其主要依托于山西师范大学优质课程，目的是普及大学生日常法律知识，提升当代大学生的法律素养。与市面上已有的法律类普及性读物相比，本书具有以下特点。一是针对性强。这是一本专门为大学生编写的普法书籍，主要针对大学生的特点来组织材料和展开写作。二是实用性强。本书着眼于解决大学生学习、生活、创业求职、家庭方面的实际问题。三是可读性强。本书属于普及性读物，非专门的法学学术专著，因此特别强调内容的通俗性与可读性，书中多选取具有典型性和时代特征的，与大学生日常学习、生活和就业有关的案例进行分析学习。四是逻辑性强。本书的定位为法学通识课程的专门教材，故在撰写过程中尤其注重知识的理论性、逻辑性、体系性。

恰逢中华人民共和国成立以来第一部以“法典”命名的法律——《中华人民共和国民法典》颁布。以此为契机，本书着重介绍了民法典中规定的大学生的权利与义务，并致力于使大学生掌握与其日常生活和学习密切相关的基本法律知识，引导和保障大学生不实施触碰法律和道德底线的行为，提高大学生的法律素养，增强大学生的法治观念，优化大学生作为未来高等人才进入社会时的知识体系和基本技能，从而引领社会良好的法律风尚，形成全社会尊重法律、敬畏法律、遵守法律的法治观念。

全书由韩卫平、乔巧巧编写，具体分工如下：

导论、第一章至第三章：韩卫平（山西师范大学）；

第四章、第五章：乔巧巧（山西师范大学）。

目录

导　论　大学生活离不开法律

课前导语：

在人的成长历程中，法律可以说无处不在，相伴人的一生。从摇篮到坟墓，法律和人如影随形。

例如，孩子刚一出生，父母就要按法律的规定，为婴儿办理户口登记。在进行户口登记时，如果父母未按照法律的规定使用规范文字为孩子登记姓名，户口登记就难以成功。如果未按法律规定进行户口登记，孩子的法律身份就难以确定，导致他在实现某些权利时会遇到一定的障碍。例如，没有户口证明，当地的小学就不能顺利地接收孩子入学。在人生漫长的旅途中，升学、就业、结婚、生子这些都离不开法律的规范，包括自然人在死亡以后，也会存在户口注销、遗产继承等法律问题。所以，法律始终都围绕在人们的身边，规范着人们的生活。

那么，法律是什么？法律来自哪里？法律的精髓是什么？在大学这样一个特殊的人生阶段，法律与大学生有什么关系，大学生的生活需不需要法律呢？本课程的导论将会探讨这些问题。

第一节　法律是什么

法律与我们每个人的生活息息相关，陪伴我们一生。在一般人眼里，法律是具体的，人们对法律的认知更多的是遵循。

一、"法"的词源

"法"的繁体字为"灋"。根据《说文解字》记载："法，刑也，平之如水，从水；廌，所以触不直者去之，从去。"三点水代表着法平之如水，水最大的特点就是“平”，水平如镜、平之如水等词，都表明了水的这一特征。在“法”字中，三点水即代表公平、平等，即指量刑标准平得像水面一样。

繁体字的右上部分“廌”读(zhì)，意为解决，也是传说中的一种独角兽。此兽似羊非羊、似牛非牛、似鹿非鹿，也有人说它与麒麟相像，头上长着一只独角，锋利无比。该神兽相传是尧帝时期的大理官皋陶断案时使用的工具，能用角顶理亏的人。皋陶被誉为司法鼻祖、狱神。据考证，皋陶的故里在山西省临汾市洪洞县甘亭镇的士师村，故也称之为皋陶村。现在皋陶村建有华夏司法博物馆，该博物馆展示的一部分内容就是用来纪念皋陶的。据史料记载，该村在明清时期就建有皋陶庙。相传慈禧太后在八国联军占领北京后西逃经过此地时，专门拜谒皋陶庙，并亲笔题写“明刑弼教”的牌匾。因此，该村有着良好的法治传统，民风淳朴，是远近闻名的法治示范村。

皋陶正直无私，执法公正，非常受人爱戴，他在处理案件时若有疑难，就令人牵出神兽，有罪则顶，无罪则不顶。见人争斗时，用它的一只角向无理、有罪的人顶去，是非曲直，立见分晓。这个传说体现的是“神明裁判”。

另外，“画地为牢”的故事也与皋陶和他的神兽有关。

相传，有一次，皋陶又带着獬豸[①]来到集市上巡视，从老远处，就听见了吵闹声。他疾步赶上前，只见一位妇女头发散乱，躺在狼藉的地上。旁边一个泼皮[②]口吐狂言，漫天指骂，皋陶一声颇具威严的恐吓，泼皮吓得眼都直了。他早就听说这个相貌奇特的大理官和他的神兽的厉害，一下子跪在了地上，直呼：“大人，是我错了，我再也不敢了。”皋陶走上前去，扶起躺在地上的妇女，轻声地安慰了几句，又怒目投向泼皮，只见泼皮磕头如捣蒜：“大人，饶了我吧，我再也不敢欺行霸市了，再也不敢了！”皋陶拍了拍旁边同样怒目圆睁的獬豸：“该如何惩罚他？”只见獬豸用蹄子在地上踏出一个圆圈。皋陶朗声笑道：“好，你就在这个圆圈内跪三天三夜，这就是你的监狱。”所谓画地为牢，就是在地上画一个圆圈，让犯罪和有过错的人跪在其中，自己反省，这便是早期的牢房。这种无遮无拦的牢房，能将人管住吗？

当代人对此充满疑虑。按照常规，牢房的墙体比一般的墙要厚得多，现在的监狱可以说是铜墙铁壁，层层防卫，生怕罪犯逃跑。山西洪洞那座明代监狱，因为关押过苏三，又因为苏三走进戏剧成了名人，这座监狱就

---

① 獬豸：也就是上文中的廌，传说是一种独角兽，懂人言知人性。能辨曲直，又有神羊之称，它是勇猛、公正的象征，是司法“正大光明”“清平公正”“光明天下”的象征。

② 泼皮：无赖。

被叫作“苏三监狱”。苏三远近扬名,“苏三监狱”也扬名远近。“苏三监狱”中有一道南墙特别奇异。奇异之处不在其高,也不在其厚,而在于墙体中间灌装的是沙子。沙子是松散的物体,不会板结,若是囚犯想在墙上掏个洞逃出去,那他就慢慢掏吧,那整堵墙的沙子都会流动过去,够他挖个一年半载的。回望上古,帝尧也有他的治世办法,这个办法就是垂拱而治①。有一个典型的例子,就是帝尧告诫大家不要赤身裸体,要懂得羞耻。所以,穿衣蔽体是人类走向文明的外在表现。也可以说,从黄帝到帝尧,再到虞舜,都在精心办理一件事,就是让人们懂得羞耻。羞耻,是中国传统道德极为看重的品格。

帝尧时的象刑,就是对人非常严厉的惩罚:用红泥涂染衣服,表示这是该割鼻子的犯人;脚上抹满黑墨,表示这是该断足的犯人;脚上穿的是不相配的鞋,表示这是该阉割的犯人;若要是穿上没有衣领的短袄,那就是该杀头的犯人。这些受过刑的犯人,不是正常人,却得和正常人生活在一起,他们会自惭形秽,在内心深处自责,下定决心重新做人。如此一来,象刑就起到两种作用:一是惩罚犯人,让他们时时反省,弃旧图新;二是告诫世人,千万不要误入犯罪的歧途,要以犯人为鉴。

对于现代文明社会的公民而言,更应该有荣辱感、羞耻感,知道什么事情是能做的,什么事情是不能做的。知荣辱,才能明是非;讲道德,才能树正气。这些都是我们中华民族的传统美德。

二、“律”的词源

律,原意是指音律,音乐只有遵守音律才能和谐,否则杂乱无章。根据《说文解字》注释:“律,均布也。”所谓“均布”是指古代调音律的工具,把法律比作均布,说明它有规范、统一人的行为的意思,即规范天下人千差万别的行为而使之协调统一。

三、法律的本质

从法律的词源可知:法律的本质即是公平、正义、和谐。法律的本质内涵与社会主义核心价值观是一致的,社会主义核心价值观的实现离不开法律的保驾护航。大学生是中国社会发展的主力军,是实现中华民族伟大复兴“中国梦”的践行者。因此,把握法律的内涵,遵守法律的规定,

① 垂拱而治:垂衣拱手,形容毫不费力。古时比喻统治者不做什么,却能使天下太平。多用作称颂帝王无为而治。

对大学生而言显得尤为重要。

【思考题】

1. 阐释“法”“律”的含义。
2. 法律的本质是什么?

第二节　法律的形成

法律的本质内涵或者法律体现的价值如何从抽象的理念转化为具体的制度规范呢?如果法律的形成仅是某个人或某些人的主观意愿,那么如何确保法律本身的公平、正义,这个问题就涉及法律的形成,或者说法律来自哪里。

一、法律形成的学说

从古到今,许多思想家、法学家对法的起源问题进行了探讨,提出了关于法的起源的各种学说。

(一)神创说

这一学说认为法是人格化的超人类力量的创造物,各种各样的神为人类创造法。中世纪神学政治的鼻祖奥古斯丁提出:秩序和安排来源于上帝的永远的正义和永恒的法律,即神法;人法服从神法,是从神法派生出来的。中国古代也有类似的认识。

(二)暴力说

这一学说认为法是暴力斗争的结果,是暴力统治的产物。中国的法家代表人物韩非子认为“人民众而财货寡,事力劳而供养薄,故民争”,有斗争有暴力才需要解决冲突的规则。

(三)契约说

人类在进入政治社会之前处于自然状态,为了克服自然状态的缺陷或更好地生活，人们相互间缔结契约，通过缔结契约人们放弃、让与部分自然权利，组成政府，这最初的契约就是法律。17、18 世纪的古典自然法学者大部分都持此说。

（四）发展说

该学说具体包括两种。一种是人的能力发展说：随着社会的进化，人的能力有了发展，例如，火的作用、弓箭的发明等，财富有了增加，社会关系开始复杂，因而需要法。另一种是精神发展说：黑格尔认为绝对精神在自然界产生之前就已存在，绝对精神发展到自然界阶段，才有了人类，人类精神的发展产生了法。民族精神论者提出法来自民族的精神或历史传统。

（五）合理管理说

许多法社会学者持此说，如美国当代法的社会学家塞尔茨尼克认为，一个群体的法律秩序，是基于合理性管理的需要而发展起来的。

二、法律的形成

曾经有这样一个实验：有一群猴子被关在笼子里，在笼子里的上方有一条绳子，绳子拴着一个香蕉，绳子另一端连着一个机关，机关又与一个水源相连。猴子们发现了香蕉，有猴子跳上去够这个香蕉，当猴子够到时，与香蕉相连的绳子带动了机关，于是一盆水倒了下来，尽管够到香蕉的猴子吃到了香蕉，但其他猴子被淋湿了。这个过程重复着，猴子们发现，尽管有猴子吃到香蕉，但吃到香蕉的猴子是少数，而其余的大多数猴子都被淋湿。经过一段时间，有一伙猴子自觉地行动起来，每当有猴子去取香蕉，就有其他的猴子因愤怒而自动地去撕咬那个猴子。久而久之，猴子们便产生了群体合作的意念，再也没有猴子敢去取香蕉了。

如果这群猴子构成一个社会，它们也繁衍下一代，它们会将自己的经历告诉下一代，渐渐地猴子便认为取挂在绳子上的香蕉的后果对其他猴子不利，从而认为去取悬挂在绳子上的香蕉是“不道德的”，它们也会自动地惩罚“不道德的”猴子。于是，不能取悬挂在绳子上的香蕉，如果违反就要受到惩罚的规则就形成了。

这个实验反映了人类道德的产生过程。霍布斯认为人类在没有任何约束的自然状态中，就是“人与人之间像狼与狼一样”，是“每个人对每个人的战争”。在这种状态中,每个人都力图保护自己的利益,并企图占有别人的东西。此时没有任何规则,没有财产,没有正义或不正义,只有战争。武力与欺诈是战争中的两大基本德行,因此人类在自然状态下无法产生文明,法律的产生是人类文明进步的标志。

所以说,法律并不是抽象的来源于人们的内心,更不是来源于宗教神学,而是来源于生活习惯演化来的道德。即习惯→道德→法律。

【思考题】

1. 法律是怎样形成的?
2. 关于法律的形成,有哪几种代表学说?

第三节　法律素养是什么

作为一名大学生应该具备一些素养,譬如深厚的专业知识和技能,除此之外,大学生还应该具备法律素养。

法律素养不仅仅是知道什么是违法的,更重要的是通过法律教育,获取法律的内在精髓。可以毫不夸张地说,法律是迄今为止文明探索过程中最辉煌的成果,是最完善、最高层次理性体系的反映,是理性与人性之美的巅峰。法律素养具体与下面几点相联系。

一、法律素养是什么

(一)法律与德行

何为大学?曾子在《大学》的开篇就说“大学之道,在明明德,在亲民,在止于至善”。其中的意思就是说,大学的宗旨在于弘扬光明正大的品德,在于让百姓仁爱和睦、明理向善,在于使人达到最完善的境界。大学之大,不在于高楼之大、不在于校园之大、不在于食堂之大,而在于这里有“大师”,有“大学生”,有一群勇于担当社会责任、弘扬高尚品格的鲜活生命。

古希腊哲学家亚里士多德曾经说过:“如人不是从青年时起就在正直的法律下成长的话,一个人很难向着德行。因为节制和艰苦的生活是不为多数人喜欢的，特别是对青年人，要在法律的约束下对其进行德行的哺育，并且养成习惯。”

道德是人们关于善与恶、美与丑、光荣与耻辱等观点的总和。法律是最低的道德底线。如果大学生连法律都不遵守，还谈什么高尚的道德情操？在生活中，不少大学生对闯红灯现象习以为常、对请人上课现象熟视无睹、对他人隐私津津乐道，甚至对小偷小摸现象不以为意。这些现象显然是和大学的培养宗旨相违背的。甚至有些大学生不敬畏他人的生命，稍有不满，便用极端手段，这便是德行不够。

（二）法律与理性思维

思维方式在人的素质中占有特殊地位，思维方式不同，人们认识判断事物的行为和结果也会不同，因而人的行为选择和行为方式也就不同。由于现实的原因，社会中的许多人在评判事物和处理事情时，往往抱有浓厚的感情色彩，缺乏适应现代社会和市场经济要求的理性思维。

许多大学生在日常行为中，在处理与同学和老师的关系中，特别是在处理“摩擦”事件的过程中，往往会失去理智、感情用事、易于冲动。有些学生往往因小事而打架斗殴，甚至因过于感情用事而自酿苦果。

亚里士多德说过：“人类的本性[①]都难免有感情用事的毛病，而法律恰是全没有感情的，法律是免除一切情欲影响的理性的体现。”西塞罗则进一步指出：“法就是理性本身，它居于并运作于人的头脑之中。”人活在社会中，不可避免地要同他人进行交往，而且也往往要对他人及自己的行为进行评价。法律作为一种社会规范，具有判断、衡量他人行为是否合法或有效或违法及其程度的评价作用，是人们行为的最重要、最基本的评价标准。与其他社会规范如政策、道德规范等相比较，法律的这种评价作用丢掉了感情成分，具有更客观、更明确、更具体、更易让人顺服的优越性。

正因为法能够指引人们的行为方向，才表明其属于一种带有价值倾向和判断的行为标准。同理，也正因为法对自己和他人的行为提供了判断是非曲直的标准，所以才具有指引人们行为的作用。而且法通过这些标准，影响人们的价值观念，达到引导人们思维和行为的作用。因此，大学生自觉接受法制教育，可以使青年大学生处世遇事能经常从法律角度考虑问题、评判事物，从而逐渐养成理性的思维习惯，避免冲动和感情用事。

① 人类的本性：这里指人的灵魂。

（三）法律与信仰

在现代，法律常常被看作实用的工具，但它更应该是根植于人们内心的信仰。在古希腊，有一个人的死亡格外悲壮，以至于今天人们提起他还是感动不已，这个人就是苏格拉底。当苏格拉底被雅典法庭以亵渎神灵和腐化青年的罪名判处死刑时，他的朋友和弟子不满法庭的判决，策划帮助他逃走，结果他不肯接受。因为，在他看来，法律一旦裁决生效，即便是错误的，他也没有权利躲避法律的制裁。他说："假定我准备从这里逃走，雅典的法律就会来质问我：难道你以为你有特权反对你的国家和法律吗？"苏格拉底的死，与其说是本人对死亡的漠视，倒不如说是对法律的忠诚和信仰。

最原始最珍贵的品质——善良，确实是人自我保护的一种方法。"法律体现的正是善良。法律必须被信仰，否则它将形同虚设。"[①] 信仰法律就是要有规则意识，要有法纪道德观念，知道哪些事能做，哪些事不能做。当然法理与情理有时也会产生一定的冲突。

法律虽然是由人类创造的，但自始至终都具有一种超越一切人的意志和理性的最高价值，并不断塑造和控制着人类自身的品质。

【思考题】

1. 大学生为什么要具备法律素养？
2. 法律与理性有什么关系？
3. 法律为什么必须被信仰？

第四节　大学生活中的法律

一、法律与社会的关系

在我国古代典籍中，"社"是指土地之神、祭祀之所，或用以指志同道合者集会之处；而"会"就是集合之意。社与会联用始于唐朝，是集会庆典之意。从辞源学上考察，"社会"一词具有人与人之间相互联系、共同

① 这句话出自于美国当代著名法学家伯尔曼。

活动的含义。社会是人的社会，人是社会的人，大学生是社会的一员，每个人都不可能脱离社会而独立存在。人与人之间的关系即社会关系，大学生作为社会一员，势必会产生各种各样的法律关系。

法律对社会关系进行调整是法律功能的一种重要表现形式，而人与人通过行为，就会发生一定的法律关系。因此，法律对社会关系的调整功能体现在对人的行为发生的作用上。法律对人的行为主要起到以下几方面的作用。

第一，指引作用。这是指法律作为一种行为规范，指引人们可以这样行为、必须这样行为或不得这样行为，从而对行为者本人的行为产生影响。

第二，评价作用。这是指法律作为一种社会规范，具有判断、衡量他人行为是否合法或违法的作用。体现在通过法律判断他人的行为是否合法或违法。

第三，预测作用。这是指人们可以根据法律的规定，事先估计到当事人双方将如何行为及行为的法律后果，从而对自己的行为做出合理的安排。体现在掌握法律以后，可以预测到某种行为是否会受到法律制裁，会受到什么样的法律制裁。

法律的最终作用就是维护社会秩序，确保社会运行不偏离法律的轨道。如果没有法律，人们行事就会随心所欲、弱肉强食，社会就会陷入一片混乱。

二、大学生的社会角色

根据大学生所处的社会关系，其存在多种社会角色。第一，大学生作为我国的公民，享有宪法规定的公民的基本权利；第二，大学生在学校中，师生之间表现为学生的角色，因此学习为大学生的第一要务；第三，大学生相互之间为同学关系；第四，大学生谈恋爱之后，存在男女朋友关系；第五，大学生在家庭中作为子女。每一种社会角色都伴随着相应的权利、义务和责任。

三、大学生活涉及的法律

（一）宪法

宪法是国家根本大法。它既是治国安邦的总章程，又是公民权利和自由的保障书[1]。我国现行宪法为1982年宪法,并经历1988年、1993年、1999年、2004年、2018年五次修订。从内容上看,宪法所规定的问题均是国家最根本、最重要的问题;从法律效力上看,宪法具有最高的法律效力;从制定和修改程序上看,宪法比一般法律更严格。宪法最核心、最主要的价值就在于它是公民权利和自由的保障书。宪法权利是宪法所确定和保障的公民所享有的基本权利。宪法权利不同于法律权利,二者的区别在于权利位阶和权利主体不同。宪法的权利是指公民的基本权利,如公民所享有的平等权、选举权和被选举权,以及言论、出版、集会、结社、游行、示威等政治自由权。而法律权利是指自然人、法人和其他组织根据法律规定所享有的权利,如人格权、所有权、专利权等。我国现行宪法规定:任何公民享有宪法和法律规定的权利,同时必须履行宪法和法律规定的义务。

(二)《中华人民共和国民法典》

"民法"二字,按照其历史文化渊源,其"民"是指民事主体或者是"市民",即从事交易的人,而"法"是指"法律规范"或者"民法规范"[2]。在我国《辞海》[3]中,民法主要是立法者指定的主要调整财产关系的法律。按照《中国大百科全书·法学卷》[4]的界定,民法是现代国家的基本法之一,是指一定社会调整特定的财产关系和人身关系的法律规范的总和。可见,民法是与人类的生存、生活和生产等活动密切相关的。

(三)行政法

"行政法"这个词最早出现于法国,它的法语表达形式是"droit administratif"[5]。日文翻译成"行政法"。我国"行政法"一词最早是从日本引进的。

对行政法的理解,首先要区别古代意义和近代意义。古代意义认为行政法就是有关国家管理的法,从而把国家管理制度、官吏制度等同列行政法。而近代意义上的行政法,是指国家划分出行政职能后,有关专门规定行政职能及其实施的法律。国内外学者所下的行政法定义,大多是基于近代意义之上。行政法是行政机关制定的以条例、规章、命令和决定形

① 韩君玲.简明中国法治文化辞典(公民读本)[M].北京:商务印书馆,2018:3.
② 王建平.民法总论[M].成都:四川大学出版社,2017:1.
③ 辞海(下)[M].上海:上海辞书出版社,1979:4131.
④ 中国大百科全书·法学卷[M].北京:中国大百科全书出版社,1984:412.
⑤ 张焕光,胡建淼.行政法学原理[M].北京:劳动人事出版社,1989:28.

式出现的法的总称。

(四)刑法

刑法是我国的基本法律之一。就其本质含义而言,刑法是掌握政权的统治阶级,为了维护本阶级在政治上的统治和在经济上的利益,根据自己的意志,以国家的名义颁布的,规定什么行为是犯罪,并给犯罪人以何种刑事处罚的法律。就刑法所规定的内容而言,可以认为刑法是规定犯罪、刑事责任与刑罚的法律。除了刑法这一概念之外,还有另一个与之较为相近但又有区别的概念——刑事法[①]。所谓刑事法,是指关于规定犯罪及运用国家刑罚权的一切刑事法律规范的总称。刑事法在狭义上,仅指刑法和刑事诉讼法,前者为实体法,后者则为程序法;在广义上,不仅包括了刑法和刑事诉讼法,还包括刑事审判机构的组织法、行刑法、监狱法等。由此可知,刑法只是刑事法的一个组成部分。

(五)经济法

我国社会主义经济法是调整国家为了实现经济发展的目标,依靠政府的力量,在对社会主义市场经济进行微观规制和宏观调控过程中发生的经济关系的法律规范的总称[②]。经济法的这一定义,立足于我国经济与社会发展的实际,借鉴了发展经济学关于"经济发展"与"经济增长"相互关系的理论,并以此作为理论基础。

【思考题】

1. 法律对人的行为有什么作用?
2. 大学生扮演哪些社会角色?
3. 大学生活可能涉及哪些法律?

① 李文燕,杨忠民.刑法学修订本[M].北京:中国人民公安大学出版社,2007:1.
② 吴平魁.经济法基本理论问题研究[M].西安:西安交通大学出版社,2016:20.

第一章　基本权利篇

课前导语：

生活中经常能听到“权利”“义务”这两个词汇。那么什么是权利？什么是义务呢？

第一节　什么是权利

一、权利概念的源头

权利是法律的核心概念。享有权利是每个人生存发展的基本保障。现代法学的第一要义便是保障和发展“公民的权利”。

自古罗马人在“私法”中明确使用“权利”一词开始至今，到底有多少人给权利下过多少次定义，似乎还没有人做过具体的确切统计，但就目前学界所掌握的现有资料分析，仅从国外引进的并为大家所耳熟能详的权利概念或定义就有十余种。

近年来，我国法学界在域外权利理论的影响与启迪下，对权利所作的变种定义更是仁者见仁，智者见智。但有一点可以肯定的是：无论中外哪一位法学家、学者对权利所作出的诠释均未获得普遍的共识；而且每一种权利定义皆遭到过批评或质疑。难怪有学者深有感触地说：“研究权利概念，给权利下定义，常常被认为是一件出力不讨好的事。”美国当代著名哲学家范伯格干脆主张把权利这个概念当作“简单的、不可定义的、不可分析的原始概念”看待。因为一旦为权利下了形式的定义，便会产生使平凡的东西变得有些毫无必要的神秘莫测的效果，不过，从哲学的角度而言，现象虽是纷繁复杂的，但只有透过现象看清本质，才是哲学家的最终使命，才是科学研究的最终使命。

无法对“权利”作出准确定义,那么“权利”一词或者权利观念是如何产生的呢? 让我们一起追溯其源头。

尼罗河源头的附近,是一片全未开发、遗世独立的万古洪荒。这里的野草有二三米高,原始森林里,巨木参天。那里至今仍居住着一个叫“俾格米”族的奇特小矮人部落。男的身高在 130 厘米左右,女的身高在 110 厘米左右。20 世纪初,德国人类学家谢贝斯塔来非洲探险时,就曾经在那里遭遇过一段十分有趣的经历:某日,他们一行人在附近的河谷里跋涉了大半天,又渴又累之际,眼前却神话般地出现了一片挂满金黄色果实的香蕉林。正当他们兴高采烈地打算饱餐一顿之时,突然,有一个尼格罗人冲了出来,愤怒地对他们大叫大嚷。经向导翻译,原来,这人叫嚷的始终都是同一句话,那就是——“只有俾格米人才有权利从这里摘香蕉!”

据说,在那片与世隔绝、万古洪荒的原始丛林里,突然间听到“权利”这样充满现代意味的法律话语,在当时确曾令谢贝斯塔等人吓了一大跳,他们连忙道歉并作出赔偿。之后,又十分好奇地向主人提出了一个问题:为什么只有俾格米人才有摘香蕉的“权利”? 于是,从那个尼格罗人的口里,他们听到了一个神奇的传说。

很古很古的时候,一个俾格米人在森林中游荡,同行的还有一个尼格罗人。有一天,他们来到黑猩猩的村庄里,在那儿,他们生平第一次见到了一片香蕉林。林子里,到处结满了金黄色的香蕉。起初,他们以为这果实有毒,不敢吃。然而,聪明的尼格罗人却怂恿俾格米人尝尝它的味道如何。所以,勇敢的俾格米人便吃了一些,发现味道很可口。尽管这样,尼格罗人还是不敢吃。到黄昏睡觉时,多疑的尼格罗人相信他的同伴夜间必将中毒而死。次日晨他看到俾格米人还活着,非常惊讶,这时候,他才敢壮着胆子吃这种新的水果。尝了一口,他便发觉味道很好。两人都想把香蕉在他们家的附近种植起来。俾格米人拿了一些果实,而聪明的尼格罗人拿了一些嫩芽,两人回家了。矮小的俾格米人把果实埋在田野里,徒劳地等待着香蕉的成长,但香蕉烂在土壤中了。一年后,他到尼罗河畔访问尼格罗人的村庄时,却发现了一片美丽的香蕉林,结满果实。他大为惊奇。最后,俾格米人向尼格罗人叹了一口气,说:“自己不是一个好的种植者,继续从事狩猎打渔要好得多。”他鼓励尼格罗人继续种香蕉,并说他有时要进来取一份。尼格罗人问:“为什么?”俾格米人理直气壮地回答说:“因为俾格米人是这种水果的发明者! 而尼格罗人只是从他们那里才学会了吃这种水果的。”

自那时起,世代相传,全非洲的尼格罗人都知道了这条小矮人的“发明权”——俾格米人有权在所有尼格罗人的种植园中摘香蕉!

故事讲完了,而那帮探险家却感慨万分。众所周知,正如细胞是人身体最基本的结构一样,“权利”这东西,是一切法律里面最基本的元素,也是现代一切法律与法学的基础。

当今世界,许多法学家都逐渐认同了这样的一个观点,即法律的起源,可能是从人类的“本能”和“权利”开始,而并非从“统治阶级的意志”开始。但猜想归猜想,千百年来,在非洲这片人类生命最古老之一的发源地上,人们费尽心力,都很难找得到一片纸、一块碑、一座陵墓或一段铭文,有记录过古代法律活动的痕迹。而当日,真是“踏破铁鞋无觅处,得来全不费功夫”。一群探险家旅游者,竟然在尼罗河畔那漫山遍野的香蕉林里,无意中发现了人类法律最原始的足迹——“权利”的足迹。从而证实了法学家们伟大的猜想,即早在人类还处于原始社会的时候,“权利”“法律”的观念,就早已深深地扎根在世界各地的原始人头脑中了。假如一个北美的印第安人在雪地上看到一只带箭的鹿,他不会把它扛回家去据为己有,而是会默默地守候在原地几小时甚至几天,等猎人返回后,再按习惯,平等地分享他应得到的一份鹿肉。直到今天,澳洲的土著居民仍像非洲人一样,懂得尊重别人的“知识产权”。如果他们觉得某一个部落表演的歌舞、面具、头饰很好看,而他们又很想在自己的表演中加以模仿的话,那么他们就会给该部落送去几十头猪和一大批谷果,请求该部落允许他们使用这些“著作权”。因破坏这些习俗规则而侵犯了别人“权利”的人,将会遭到严厉的惩罚——通常是部落把这些“犯罪”分子交出去,任由对方处置。印第安人可能会被猎人一箭射穿心窝,而澳洲土著则会被对方用长矛或“飞去来”刺入腿骨。

二、权利概念的各种学说

关于权利概念,有以下几种代表学说。

第一种是以边沁、奥斯汀为代表的“利益说”。其中心思想是:权利的基础是利益,权利乃法律所承认和保障的利益。

第二种是以澳大利亚学者麦克斯基为代表的“资格说”。该学说认为:最好把权利看作资格,即行动的资格、占有的资格或享受的资格,而不管其客体是什么。

第三种是“尺度说”。这种理论认为:权利乃是法律所保障和允许的能够做出一定行为的尺度。

第四种是以荷兰哲学家斯宾诺莎,英国哲学家霍布斯,德国哲学家康德、黑格尔等为代表的“自由说”,这是一种系统化的学说。该理论用自由来界定权利。把法律与自由相连，认为权利是法律允许的自由，即一种有限制的但受到法律保护的自由。“自由说”揭示了权利的一个重要特征，即权利主体的意志自由和行动自由。主体在行使权利时不受法律上的干涉，主体做或不做一定行为都不受他人的强制。

不论哪种学说，都从一个侧面，立足某一个侧重点对权利的特征予以揭示。

三、权利的概念

我国著名法学家张文显认为：所谓权利就是规定或隐含在法律规范中、实现于法律关系中、主体以相对自由的作为或不作为的方式获得利益的一种手段，是法律认可和保护的获得利益的手段。利益即指好处，能满足人的需求的事物，包含物质利益和精神利益。可见，在张文显看来，权利就是法律认可和保护获得利益的手段，既保护获得利益的手段，也保护通过该手段获得的利益。

有些利益及获取利益的手段是不受法律认可和保护的，这样的手段和利益不是权利。例如无论是赌博行为还是通过赌博获得的赌金都不受法律的认可和保护。而如果通过正当劳动获得报酬即是法律保护的权利，具体表现为劳动权和获得报酬权。

四、权利与相近概念比较

（一）权利和权力

权力的基本寓意是表达出命令人与受命人之间的关系，即特定人向其管辖下的他人或不特定多数人乃至管辖下的全体人实行的自上而下的强迫力量。

权利不等于权力，二者的不同主要表现在以下几个方面。

第一，行使主体不同。权利的行使主体为一般平等主体，主要是公民、法人和其他组织；权力的行使主体为特殊主体，主要是被授予权力的国家机关及其工作人员。因此，权利行为一般是民事行为以及社会主体的政治、经济与文化行为，而权力行为则是国家机关的立法行为、行政行为、司法行为等，属于公务的行为。

第二，法律要求不同。一般情况下法律允许权利放弃和转让，特殊情况除外（如生命权不可转让），行使权利并不意味着必须承担责任。而权力必须依法行使，不得放弃和转让，并且行使权力意味着必然承担相应的责任，因此权力授予的同时意味着责任的产生。

第三，运行方式不同。权利的运行是一种自觉、自愿的行为，主体在自身权利受侵犯时不得对相对一方使用强制力，而只能请求国家强制力保护；权力的运行自始至终与强制力相伴，权力具有国家的直接强制力。例如，小偷虽然侵犯了个人的财产权，但个人没有对小偷施以限制人身自由的处罚权。因为该权力带有强制力，只能由公安机关行使。

第四，表现形式不同。权利通常以“有某某自由”“有某某利益”等语句来表述，权利与义务对应；权力通常以“有某某职权”“有某某权限”等来表述，权力与责任对应。因此权力又称“职权”“权限”等。

第五，推定规则不同。权利并不以法律明文规定（授权）为限，法无明文规定的权利可以按照一定标准进行推定，权利主体可以做法律未禁止的事；权力只以明文规定为限，即以法律的明确授权为界限，不允许国家机关及其工作人员对权力作扩张解释和推定，不允许行使法律未作规定的权力，否则构成越权。

第六，社会功能不同。权利的功能在于维护权利主体的自由与利益，权力的功能主要是为了保护有利于统治阶级的社会关系和社会秩序。因此，权利一般体现个人或法人等主体的利益，权力则不体现权力行使者的个人利益，而是体现国家、社会的公共利益。

（二）权利与基本权利

基本权利是一国宪法确认的公民在政治、经济、文化、人身等方面所享有的基本权利，是宪法赋予公民的最基本的、最重要的权利。权利不等于基本权利。我国宪法对公民基本权利的规定，体现了广泛性、平等性、真实性以及权利和义务的一致性。基本权利在权利体系中的地位，着重强调基本权利的基础性、重要性、决定性、核心性、必要性及母法性。认为所谓“基本”者，必是稳定而重要者，被确认为“基本权利”的权利对于一个国家公民而言，往往具有“不可缺乏性”“不可取代性”“不可转让性”“稳定性”“共似性”等特征。

五、权利的边界

依据“自由说”的观点，权利是法律允许的自由，即一种有限制的但受到法律保护的自由。以权利为本位是现代法律的特征。我们的时代是一个权利渐长的时代，让更多的人获得更多的权利，已经成为社会的主旋律。但权利和自由的实现并不是毫无边界的，权利也要受到法律的约束与限制。权利与自由的泛化会给社会的发展带来极大的阻力。就教育而言，伴随着权利意识的觉醒与提升，学生权利越来越受到重视。但由于大学生的认识水平不深，对权利的行使还难以把握一个合理的尺度。大学生权利的泛化会造成教师不敢对大学生实施管理和惩戒，带来的必然是教育的失败。

每一个公民在享受权利的同时也负有尊重他人权利的义务，这一观念应成为现代社会的一项基本价值。

具体来讲，权利的边界主要包括以下三个方面。

第一，权利的行使不得违反法律的强制性规定。例如大学生在毕业求职过程中，用人单位要求大学生将其毕业证交存到人事部门，一旦大学生辞职，需要交纳违约金，否则就不返还毕业证。该用人单位的要求即违反法律的强制性规定。根据《中华人民共和国劳动合同法》第九条的规定：用人单位招用劳动者，不得扣押劳动者的居民身份证和其他证件，不得要求劳动者提供担保或者以其他名义向劳动者收取财物。大学生可对该种违法行为向劳动行政主管部门进行投诉。

第二，权利的行使不得违背公序良俗。公序良俗是指公共秩序以及在此过程中形成的良性风俗。公序强调超越个人的社会秩序与社会利益，如国家利益、社会公共利益、经济秩序、政治秩序等；良俗则侧重良好的道德观念与道德风尚，如社会公德、家庭道德、商业道德和其他社会良好风尚。公序良俗在社会发展与进步的过程中积累而成，与法律相比，它是一种影响国家社会发展与人的生活的隐形力量，虽不一定如法律一般具有强制性，但确是法律的渊源和法律的原则。在古代社会，公序良俗便是规范社会运行不可或缺的组成部分，甚至是植根于民众心中比法律更具权威影响的内在约束和国家意志；发展到现代社会，公序良俗作为民法的基本原则之一和法律的有益补充，依然发挥着强大的社会规范作用。

*** 法条链接 ***

民法典第一百五十三条规定：违反法律、行政法规的强制性规定的民事法律行为无效。但是，该强制性规定不导致该民事法律行为无效的除外。

违背公序良俗的民事法律行为无效。

第三，不得侵犯他人合法利益、国家利益和公共利益。目前，网络已成为全民人际交往、抒发感情、发表意见的主要渠道。可以说在网络时代，公民言论自由权的实现更加畅通。但公民网络上的言论自由不得侵犯他人合法权益、国家利益和公共利益。

自媒体时代，人人都有麦克风，但这支麦克风并不是可以随心所欲使用的。无论什么状态下，都要保证自由的实现不妨碍他人的正常生活，不妨害正常的社会秩序，否则就是对权利的滥用。

【思考题】

1. 什么是权利？
2. 权利行使的边界是什么？
3. 比较权利、权力与基本权利的不同。

第二节　什么是义务

一、义务的概念

义务是设定或隐含在法律规范中，实现于法律关系中的，主体以相对被动的作为或不作为的方式保障权利主体获得利益的一种约束手段。

二、义务的特征

(一)义务是以“不利益”为内容的法律拘束

义务对应于权利，而权利体现为利益，因此，义务体现为不利益。另外，权利是法律赋予的意思支配力，义务就是对应于这种支配力的拘束力。

(二)义务不是对于负担者人格的拘束力

义务的客体并非负担者的人格，负担者的人格并不因义务的负担或履行而受影响。恰恰相反，义务的负担者与权利的享有者是彼此平等的。这种情况与命令服从关系中的义务不同，在命令服从关系中，义务意味着服从权力，义务的负担者服从于权力享有者。

（三）义务具有法律强制力

法律强制力是义务的法律属性之一。这一点，使得它与道德上或宗教上的义务相区别。所谓法律强制力，是指法律对于义务负担者给出的必须履行义务的命令，如果义务人故意或者因过失不履行，就要负担法律责任，受到制裁。

三、权利和义务的关系

（一）对立统一

权利与义务互相对立，权利不是义务，义务也不是权利。权利与义务又互相依存，有权利必有义务，有义务也必有权利。权利靠义务辅佐而实现，相反，义务不履行，权利就无法实现。

（二）既属权利又属义务的情况

然而，也存在既属权利又属义务的特别情况。例如，亲权和监护权，它们虽名为权利，但同时又是义务。既属权利又属义务的情况应认定为权限，即体现享有人的利益从而接近于权利的那种权限。

（三）不对应义务的权利

形成权是没有义务与之相对应的权利。对于形成权来说，并无任何人负担义务。

四、以权利为本位是现代法律的特征

关于权利和义务何者为主要或主导方面，即是权利本位（重心），还是义务本位（重心），我国法学界争议很多。我们认为，由于各个历史时期的社会经济、文化、政治的性质和结构不同，法律的价值取向不同，权利与义务何者为本位是历史地变化着的。古代法律总体上是以义务为本位，现代法律是或应当是以权利为本位。

所谓权利本位具有以下法律特征。

第一，社会成员皆为法律上平等的权利主体，没有人因为性别、种族、肤色、语言、信仰等特殊情况而被剥夺权利主体的资格，在基本权利的分

配上被歧视，或在基本义务的分配上被任意加重，所以，权利本位意味着法律面前人人平等。

第二，在权利与义务的关系范围内，权利是目的，义务是手段，法律设定义务的目的在于保障权利的实现；权利是第一性的因素，义务是第二性的因素，权利是义务存在的依据和意义。

第三，在法律没有明确禁止或强制的情况下，可以作为权利推定，即推定公民有权利（自由）去作为或不作为。

第四，权利主体在行使其权利的过程中，只受法律限制，而确定这种限制的目的又在于保证对其他主体的权利给予应有的同样的承认、尊重和保护，以创造一个尽可能使所有主体的权利都得以实现的自由、公平而且安全的法律秩序，也就是说，法律的力量仅限于禁止每一个人损害别人的权利，而不能禁止其行使自己的权利。

人们在享有法律权利、成为权利主体的前提下，应当承担与其权利相适应的法律义务，并在行使权利和履行义务的实践中体现权利与义务的一致性。

【思考题】

1. 什么是义务？
2. 权利与义务的关系如何？
3. 权利本位有哪些法律特征？

第三节　大学生的基本权利

一、概述

大学生权利，是指取得高等学校学籍的在校大学生能够按照自己的意志以作为或不作为的方式，以及要求他人相应作出或不作出一定行为的方式实现一定利益的许可和保障。在社会生活中，一个人的权利与其身份和法律地位紧密相连，不同身份、不同法律地位的人具有不同的权利。大学生在接受高等教育的特定时期，有双重身份。其一，大学生绝大多数是年满 18 周岁的成年人，是国家公民。因此，具有国家公民及完全民事行为能力人应享有的法律规定的各项权利，即宪法规定的公民的基本权利和民事法律规定的各项民事权利。具体包括：受教育权、人格权（包括生命权、健康权、姓名权、肖像权、名誉权、荣誉权、隐私权）、财产权等。其二，大学生是正在学校接受教育的公民，又享有作为受教育者应享有的特殊的法定权利。我国教育法、高等教育法、《普通高等学校学生管理规定》在授予高等学校管理权力的同时，也规定了大学生的权利。总之，大学生不仅享有学生专有的权利，还享有宪法规定的公民的一切基本权利和民法典规定的一切基本民事权利。

二、《中华人民共和国宪法》规定的基本权利

基本权利是宪法赋予公民的最基本的、最重要的权利。根据宪法，大学生作为我国公民，享有如下基本权利。

（一）平等权

平等权是指公民平等地享有权利，不受任何差别对待，要求国家同等保护的权利。在现代宪政国家中，平等权首先表现为法律面前人人平等原则。

（二）政治权利和自由

（1）选举权和被选举权。选举权与被选举权是指选民依法选举或被选举为代议机关代表和特定国家机关公职人员的权利。在我国，凡是年满 18 周岁的公民，不分民族、性别、职业、家庭出身、宗教信仰、教育程度、财产状况、居住期限，都有选举权与被选举权，但是依法被剥夺政治权利的人除外。

（2）言论自由。言论自由是指公民有权通过各种语言形式，针对政治和社会中的各种问题表达其思想和见解的自由。言论自由不限于口头形式，还包括书面、广播电视形式等。公民在行使言论自由时，不得侮辱、诽谤、诬告陷害他人，不得泄露国家机密、商业秘密、他人隐私。

（3）出版自由。出版自由是指公民可以通过公开出版物的形式，自由地表达自己对国家事务经济和文化事业、社会事务的见解和看法。出版自由一般包括两个方面的内容：一是著作自由，即公民有权自由地在出版物上发表作品；二是出版单位的设立与管理必须遵循国家宪法和法律的规定。由于出版主要是将自己的见解付诸文字，因而出版是言论的自然延伸，是固定化的言论；出版自由也就是言论自由的自然延伸。

（4）结社自由。结社自由是公民按照一定宗旨，依照法定程序组织或者参加具有持续性的社会团体的自由。结社自由是仅次于自己活动自由的最自然的自由，它同个人自由一样不可转让。凡符合宪法和法律的规定，并履行一定的法律程序而组成的社会团体，都受到国家的保护。现在我国除中国共产党外，有8个参政而不执政的民主党派，以及工会、共青团、妇女联合会等社会团体。

（5）集会、游行、示威自由。集会自由是指公民临时聚集于露天公共场所，发表意见，表达意愿的自由；游行自由是指公民有在公共道路、露天公共场所列队行进、表达共同意愿的自由；示威自由是指公民有在公共道路、露天公共场所以集会、游行、静坐等方式，表达要求、抗议或者支持、声援等共同意愿的自由。

（6）宗教信仰自由。中华人民共和国公民有宗教信仰的自由。宗教信仰自由是指公民依据内心的信念，自愿地信仰宗教的自由。其含义包括：公民有信教或者不信教的自由，有信仰这种宗教或者那种宗教的自由，有过去信教现在不信教或者过去不信教而现在信教的自由。宗教信仰自由要求任何国家机关、社会团体和个人不得强制公民信仰宗教或者不信仰宗教。同时，宪法的平等原则也要求不得歧视信仰宗教的公民和不信仰宗教的公民。

（7）人身自由。人身自由也称“身体自由”，是公民的基本权利之一。它指公民在法律规定范围内，人身和行动完全受自己支配，有不受非法拘禁、逮捕、搜查和侵害的自由。它是公民享受其他一切自由的基础和前提，也是公民生存的起码权利。没有人身自由，公民从事各项政治活动，参加国家管理就只能是一句空话。中华人民共和国公民的人身自由不受侵犯。

（8）通信自由和通信秘密受法律保护。通信自由是指公民与其他主体之间传递消息和信息不受国家非法限制的自由。

（三）监督权

监督权是指宪法赋予公民监督国家机关及其工作人员活动的权利。包括：批评权，即公民有对国家机关和国家工作人员工作中的缺点和错误提出批评意见的权利；建议权，即公民有对国家机关和国家工作人员的工作提出合理化建议的权利；控告权，即公民对任何国家机关和国家工作人员的违法失职行为有向有关机关进行揭发和指控的权利；检举权，即公民对于违法失职的国家机关和国家工作人员，有向有关机关揭发事实、请求依法处理的权利；申诉权，即公民的合法权益因行政机关或司法机关作出的错误的、违法的决定或裁判，或者因国家工作人员的违法失职行为而受到侵害时，有向有关机关申诉理由，要求重新处理的权利。

（四）获得赔偿权

获得赔偿权是指公民在受到国家机关不正确的处罚而得到昭雪后，或者是在受到国家机关和国家工作人员侵权而得到纠正后，要求国家给予赔偿的权利，主要包括行政赔偿和司法赔偿。

（五）人格尊严不受侵犯

人格尊严不受侵犯又称“人格权”，公民的姓名权、名誉权、荣誉权、生命权、肖像权、身体权等，不受侮辱、诽谤和诬告陷害，应受到他人和社会的尊重。人格尊严不受侵犯是公民人身权利的重要组成部分，是每个公民享有的最起码的权利，法律确认和保护包括各种犯罪分子在内的公民的人格尊严，禁止刑讯逼供，侮辱人格。

（六）住宅不受侵犯

住宅不受侵犯是指公民居住、生活的场所不受非法侵入和搜查。公民的居住、私生活及个人家庭财产的保存，一般要在住宅中进行，有的公民还要在住宅中进行社会性的工作和劳动。中华人民共和国公民的住宅不受侵犯，禁止非法搜查或者非法侵入公民的住宅。

（七）社会经济、文化教育权利

社会经济、文化教育权利主要是一种积极受益权（财产权除外），即要求国家主动予以保障的权利。包括：财产权，公民合法的私有财产不受侵犯；劳动权，是指有劳动能力的公民有从事劳动并取得相应报酬的权利（劳动既是公民的权利，也是公民的义务）；休息权；生活保障权，是指企事业单位的职工和国家机关工作人员在达到一定年龄和一定工龄后离职休息，并依法享有相应的生活待遇的权利；物质帮助权；受教育权，是指公民平等地享受教育的权利（受教育既是公民的权利，也是公民的义务）；文化权利和自由。

三、《中华人民共和国民法典》规定的人身权

被称为社会生活百科全书的《中华人民共和国民法典》的颁布，标志着中国开启了以人为鲜明标签的新权利时代。民法典最大的一个创新就是人格权的独立成编，充分体现了民法典对人的关注、对人的自由和人的尊严的关注。这是由我国进入新时代，人民群众已经从吃饱穿暖的需求转化为对人的自由和尊严的追求所决定的。民之所呼，法之所应。大学生享有民法典规定的自然人的人身权。

（一）生命权

生命权包括生命安全权和生命尊严权。

生命安全权是指人有权生活在安全的环境之中，其生命存在不受到各种危险的威胁。人的生命只有存在于安全的环境中，才能真正存在。如果始终处于各种危险之中，受到各种危险的威胁，人的生命也就可能随时不复存在。传统法律上的生命权，只是保证公民的生命不被非法或者任意剥夺的权利，仅仅是一种"生命拒害权"，含义是消极、保守的，价值是有限的。而生命安全权，要求相关主体积极地履行保障公民生命安全的义务。之所以民法典明确规定生命安全权，是因为在当今社会，人们面临着各种各样的生命威胁。例如，食品安全威胁、环境安全威胁、高空坠物安全威胁、公共卫生安全等。民法典对生命安全权的明确规定正是体现了"生命至上，人民至上"这一基本理念。

生命尊严权。"生命尊严"包含三个方面：一是生的尊严，二是活的尊严，三是死的尊严。

民法典规定的生命尊严权实际上就是生的尊严。所谓活的尊严，就是指人不但要活着，而且要有尊严感地活着。活着仅仅是物理上的生命存在，如果没有尊严地苟且偷生，无异于行尸走肉。例如，现实中为了防止有精神疾病的家庭成员实施自残或伤害他人等暴力行为，家属将该成员长期用铁链拴住，提供食物，维持其生存。但该家庭成员可以说生活得毫无尊严。在家庭无力自助的情况下，社会及相关组织应该为其提供积极帮助，确保该精神病人得到救助和治疗。对于死的尊严，就是怎么样能够让一个人有尊严地去世。民法典中虽然没有明确的规定，但当人生命垂危的时候，本人有权放弃治疗，不采取有损尊严的延命措施，有尊严地死去。

（二）身体权

身体权包括身体完整权和行动自由权。

身体完整权不同于健康权。身体完整权受侵害不一定健康权就受侵害。例如，趁人不备，将其头发剪掉，即可理解为侵犯身体完整权，这种对身体完整权的侵犯并未侵犯身体健康权。

行动自由权是指权利人自由支配自己身体的权利。例如，强行接吻行为就是属于违背他人行动意愿，侵犯他人行动自由权的侵权行为。另外，以非法拘禁等方式剥夺、限制他人的行动自由，或者非法搜查他人身体的行为属于侵犯他人行动自由权的行为；违背他人意愿，以言语、文字、图像、肢体行为等方式对他人实施性骚扰的行为，也属于侵犯他人行动自由权的侵权行为。

（三）姓名权

姓名权是指自然人有权依法决定、使用、变更或者许可他人使用自己姓名的权利。姓名包括姓和名两部分。姓氏，代表的是一个家族，乃至整个民族一脉相传的特性和文化。所以，虽然自然人享有决定自己姓氏的权利，但不能违背公序良俗原则。因此，民法典中关于姓氏的决定权规定为“自然人的姓氏应当随父姓或者随母姓”。同时也规定有下列情形之一的，可以在父姓和母姓之外选取姓氏：选取其他直系长辈血亲的姓氏；因由法定扶养人以外的人扶养而选取扶养人姓氏；有不违背公序良俗的其他正当理由。

少数民族自然人的姓氏可以遵从本民族的文化传统和风俗习惯。

同时，民法典规定：任何组织或者个人不得以干涉、盗用、假冒等方式侵害他人的姓名权或者名称权。具有一定社会知名度，被他人使用足以造成公众混淆的笔名、艺名、网名、译名、字号、姓名和名称的简称等，参照适用姓名权和名称权保护的有关规定。例如，在某视频网站上非常有名的博主“老番茄”在一定群体当中非常有名。如果有人以“老番茄”为名发表一些言论，很有可能被他人误认为是博主“老番茄”。此时，就涉及对姓名权的侵犯。

（四）肖像权

肖像是通过影像、雕塑、绘画等方式在一定载体上所反映的特定自然人可以被识别的外部形象。因此,肖像不一定是要包含脸部,也不一定是照片,只要是具有可识别性的外部形象,都可认定为肖像。例如,人形剪影,如果该剪影具有较强的可识别性,大众一看到该剪影就会和某个特定的人联系到一起,那么该剪影未经肖像权人同意,不可随便使用。根据民法典的规定,未经肖像权人同意,不得制作、使用、公开肖像权人的肖像,但是法律另有规定的除外。未经肖像权人同意,肖像作品权利人不得以发表、复制、发行、出租、展览等方式使用或者公开肖像权人的肖像。但合理使用他人肖像的,可不经过肖像权人的同意,包括:为个人学习、艺术欣赏、课堂教学或者科学研究,在必要范围内使用肖像权人已经公开的肖像;为实施新闻报道,不可避免地制作、使用、公开肖像权人的肖像;为依法履行职责,国家机关在必要范围内制作、使用、公开肖像权人的肖像;为展示特定公共环境,不可避免地制作、使用、公开肖像权人的肖像;为维护公共利益或者肖像权人合法权益,制作、使用、公开肖像权人的肖像的其他行为。例如,政府网站或政府部门在工作场所公开相关领导人员姓名和照片即不需经本人同意;张贴寻人启事的行为也不构成侵犯肖像权。另外,民法典还规定,任何组织或者个人不得以丑化、污损,或者利用信息技术手段伪造等方式侵害他人的肖像权。例如,未经当事人同意将他人照片制作成表情包并配文字丑化他人形象,即构成对他人肖像权的侵犯。例如,有些主播通过AI换脸软件直接把自己的脸换成某一线明星的脸来吸引眼球,也属侵犯肖像权的行为。

(五)声音权

声音跟肖像一样,具有人身属性,通过声音成为识别个人身份的重要依据,标明自然人的人身专属性与人格特性,防止被人格混淆、滥用、冒用、不正当使用,损害声音主体的人格权益甚至名誉权。民法典第一千零二十三条第二款规定了对自然人声音的保护参照适用肖像权保护的规定,是此次民法典人格权编的一大亮点。此次立法实际上承认了声音作为一种独立的新型人格权,只是在权利保护的技术层面采用了参照肖像权的保护模式。声音,在商品化利用时也具有财产属性,尤其是名人或者具有特定场景应用特点的声音等,都具有很强的商业应用价值。前者诸如郭德纲、林志玲、李佳琦等演艺明星或网红的声音被应用到导航、文章朗读等软件中。后者如给“舌尖上的中国”“风味人间”等著名美食片做解说的李立宏的声音,在美食片解说领域具有很强的场景应用特点。他们或者因为自己的名人身份,或者因为自己的特征场景应用而具有了相应的经济价值，一旦其声音单词片段被剪辑重组应用于相应的软件或应用场景中，就可能给声音主体的人身权益甚至财产权益造成损害。当然，涉及肖像权及声音权的保护问题上，对于司法实践中遇到的模仿名人的外部形象及声音是否认定侵权的问题，争议很大，但一般认为他人模仿名人是名人效应的大众化延伸，只要没有追求冒充、误导、混淆等非法目的及行为效果，通常不应轻易认定为侵权。

（六）名誉权和荣誉权

民法典中还对名誉权和荣誉权做了明确规定。名誉是对民事主体的品德、声望、才能、信用等的社会评价。不仅生者享有名誉权和荣誉权，逝者也享有名誉权和荣誉权。民法典第九百九十四条规定：死者的姓名、肖像、名誉、荣誉、隐私、遗体等受到侵害的，其配偶、子女、父母有权依法请求行为人承担民事责任；死者没有配偶、子女且父母已经死亡的，其他近亲属有权依法请求行为人承担民事责任。例如，我国传统文化认为“逝者为大”，在讨论烈士的时候更应该以事实为依据，以还原历史本来面貌为追求，客观、公正地讨论，而不能捏造并散布某些虚假的事实，破坏烈士名誉。这已不仅仅是维护先烈及其亲属的合法权益的问题，更承担了为共和国先烈正名及捍卫社会道德底线的社会责任。

同时，行为人发表的文学、艺术作品以真人真事或者特定人为描述对象，含有侮辱、诽谤内容，侵害他人名誉权的，受害人有权依法请求该行为人承担民事责任。依据真人真事进行影视作品改编的过程中，应当注意改编的限度，在充分尊重客观事实的基础上进行艺术创作和改编，同时避免出现：侮辱、诽谤原型人物；贬损原型人物名誉；披露或映射原型人物隐私等可能导致原型人物社会评价降低的情况发生。否则，可能会侵犯原型人物的名誉权或荣誉权。

（七）隐私权

民法典还增加了隐私权，以及个人信息保护的相关规定。隐私是自然人的私人生活安宁和不愿为他人知晓的私密空间、私密活动、私密信息。为适应互联网、高科技发展的需要，民法典人格权编在我国立法上第一次引入了私生活安宁这一权利，并通过反面列举的方式，对侵害私生活安宁的各种典型方式作出了规定。民法典禁止行为人实施发送垃圾短信、垃圾邮件等侵扰他人私人生活安宁的行为，禁止非法进入、窥视、拍摄他人的住宅、宾馆房间等私密空间，禁止非法拍摄、录制、公开、窥视、窃听他人的私密活动等。

总之,民法典对民事权益的保护适应了现代社会发展的需要,彰显了时代精神,体现了与时俱进的时代性。民法典通过保障民权,旨在实现人民的福祉,保障人民的美好幸福生活。

四、大学生的专属权利

根据教育法规定,大学生享有以下权利:有参加教育教学计划安排的各种活动,使用教育教学设施、设备、图书资料的权利;有按照国家有关规定获得奖学金、贷学金、助学金的权利;有在学业成绩和品行上获得公正评价,有完成规定的学业后获得相应的学业证书、学位证书的权利;有不服学校给予的处分向有关部门提出申诉,对学校、教师侵犯其人身权、财产权等合法权益,提出申诉或者依法提起诉讼的权利。

五、权利意识

权利意识是公民意识的核心内涵,是特定成员对自我自由和利益的认知、主张和要求,对他人自由和利益的认知、主张和要求,以及对自由和利益的社会评价。大学生作为建设法治社会的中坚力量,其权利意识的培育必将深刻影响社会的法治化进程。作为新时代的大学生应当具有良好的权利意识。权利意识的淡薄,不仅使大学生不能有效保护自己的正当权益,还容易实施侵犯他人权益的行为。

希望大学生能树立权利意识,保护自身权利,尊重他人权利。

【思考题】

1. 大学生享有哪些权利?
2. 什么是声音权?
3. 民法典规定了哪些新型的人格权?

第二章　学业考试篇

课前导语：

大学生的日常生活离不开学业与考试。那么大学生在学业和考试面前应该注意些什么呢？学校与大学生、教师与大学生的法律关系是什么样的？法律又对考试作弊行为是怎样认定的呢？

第一节　法律关系

一、概述

法律关系是指人们在法律规范调整社会关系的过程中所形成的权利和义务关系，主要由主体、客体、内容三部分构成。如图 2-1 所示。

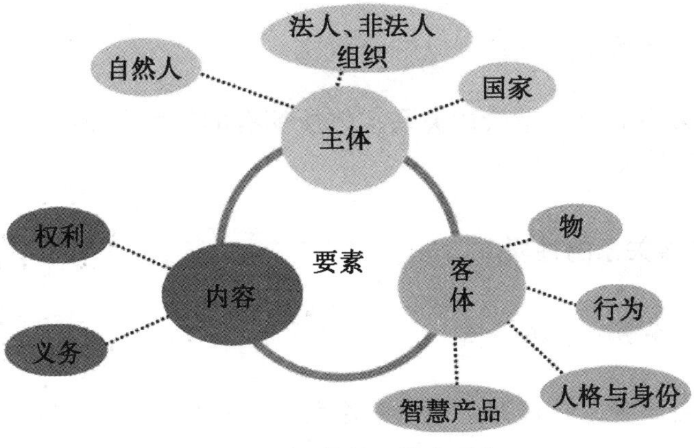

图 2-1　法律关系基本要素

（一）法律关系的主体

法律关系的主体是法律关系的参加者，是参加法律关系，依法享有权利和承担义务的当事人。即在法律关系中，一定权利的享有者和一定义务的承担者。在每一具体的法律关系中，主体的多少各不相同，在大体上都属于相对应的双方：一方是权利的享有者，即权利人；另一方是义务的承担者，即义务人。

在我国，根据各种法律的规定，能够参与法律关系的主体包括：自然人、法人、非法人组织和国家。

（二）法律关系的客体

法律关系的客体是法律关系主体之间的权利和义务所指向的对象。如物权的客体为物，知识产权的客体为智力成果，人格权的客体为人格利益。

法律关系的客体是一定利益的法律形式。任何外在的客体，一旦它承载了某种利益价值，就可能成为法律关系的客体。法律关系建立的目的，就是为了保护某种利益、获取某种利益，或分配、转移某种利益。所以，实质上，客体所承载的利益本身是法律权利和法律义务联系的中介。这些利益，从表现形态上可以分为物质利益和精神利益、有形利益和无形利益、直接利益和间接利益；从享有主体的角度，可分为国家利益、社会利益和个人利益，等等。

（三）法律关系的内容

法律关系的内容是法律关系主体所享有的权利和承担的义务，即法律权利和法律义务。

二、法律关系的性质

法律关系具有三种性质。

（一）法律关系是根据法律规范建立的一种社会关系，具有合法性

法律关系的“合法性”是一个极容易混淆的性质。通常我们所说的合法性指的是人们的行动满足法律规范的目的。例如，“不杀人”“不盗

窃”“不违约”之所以是合法的行为，是因为法律规定了以“不得故意杀人”“不得盗窃”“不得违约”为目的的法律规范。然而，法律关系的合法性含义同这种合法性有明显区别，它所要表达的内容是：法律关系一定是建立在法律规范的基础上的，不存在没有法律规范的法律关系。因此，原有的“合法性”概念，其反向概念是“违法”；而法律关系的“合法性”，其反向概念是存在没有相应法律规范的法律关系。这样就很容易理解为什么法律关系一定具备“合法性”，因为如果没有相应法律规范的存在，必然也就不存在特定的法律关系。法律关系是根据法律规范建立的一种社会关系，这一命题可以至少说明以下几个问题。

（1）法律规范是法律关系产生的前提。如果没有相应的法律规范，就不可能形成法律关系。

（2）法律关系不同于法律规范调整或保护的社会关系本身。

（3）法律关系是法律规范的实现形式，是法律规范的内容在现实社会生活中的具体贯彻。

换言之，人们按照法律规范的要求行使权利、履行义务并由此而产生特定的法律上的联系，这既是一种法律关系，也是法律规范在实际社会生活中的实现状态。在此意义上，法律关系是人与人之间的合法（符合法律规范的）关系。这是它与其他社会关系的主要区别。

确立“法律关系是合法的社会关系”这一观点，在法律实践中具有重要意义。在社会生活中，往往存在着大量的事实关系，它们没有严格的合法形式，甚至是完全违背法律的。因此，不能看作法律关系，但又可能与法律的适用相关联，是法律适用过程中必须认真处理的一类法律事实。

（二）法律关系是体现意志性的特种社会关系

由前面的论述可知，法律关系必然以特定法律规范的存在为前提，法律关系必然是符合法律规范要求的权利义务关系，因此法律规范必然具备国家意志性或者公共意志。但法律关系毕竟又不同于法律规范，它是现实的、特定的法律主体所参与的具体社会关系。因此，特定法律主体的意志对于法律关系的建立与实现也有一定的作用。有些法律关系的产生，不但要通过法律规范体现国家意志，而且要与法律关系参加者的个人意志表示一致（如多数民事法律关系）；当然也有很多法律关系的产生，并不需要这种意志表示。例如，刑事法律关系（国家与犯罪人之间的刑罚处罚关系），往往是由违法行为产生的。刑事法律关系的建立必然反映刑法的要求，当然也就体现国家意志。

（三）法律关系是特定法律关系主体之间的权利和义务关系

法律关系是以法律上的权利、义务为纽带形成的社会关系，它是法律规范（即法律规则和原则）之内容在事实社会关系中的体现。没有特定法律关系主体的实际法律权利和法律义务，就不可能有法律关系的存在。因此，法律权利和法律义务不仅是法律关系与违法关系区别的标志，还是法律关系区别于其他社会关系（如经济关系、政治关系）的标志之一（除非其他社会关系经过法律调整，转化为法律关系，如经济法律关系、政治法律关系等）。

三、法律关系的类型

（一）纵向（隶属）的法律关系和横向（平权）的法律关系

按照法律主体在法律关系中的地位不同，可以将其区分为纵向（隶属）的法律关系和横向（平权）的法律关系。纵向（隶属）的法律关系是指在不平等或不对等的法律主体之间所建立的权力服从关系。横向法律关系是指平权法律主体之间的权利义务关系。这两种法律关系的区别，主要体现在以下两个方面。

第一，纵向（隶属）法律关系主体处于不平等或不对等的地位。在现代社会中，用以判断法律主体之间到底处于平等还是不平等的地位，主要凭借的是“是否有国家参与其中”的标准，如果有国家参与，则为不平等；反之，则为平等。不过，也有例外情形，某些并没有国家参与的关系同样是不平等的关系，例如亲权关系的家长与子女，这一点值得特别注意。

第二，纵向（隶属）法律关系主体之间的权利与义务具有强制性，既不能随意转让，也不能任意放弃。与此不同，横向法律关系是指平权法律主体之间的权利义务关系。其特点在于，法律主体的地位是平等的，权利和义务的内容具有一定程度的任意性，如民事财产关系、民事诉讼当事人之权利义务关系等。

（二）民事法律关系、行政法律关系和刑事法律关系

1. 民事法律关系

民事法律关系是指受民事法律法规调整的，平等主体的公民之间、法

人之间及他们相互之间的人身关系、财产关系的总和。民事法律关系中的当事人法律地位平等,彼此之间不存在隶属或从属关系,当事人之间在经济利益上互利有偿。

民事法律关系中的财产关系一般指人们在生产、分配、交换、消费过程中形成的具有经济内容的社会关系。如医疗机构与患者之间发生的,由医疗纠纷引发的经济赔偿,即属于民事主体之间的财产关系。人身关系是指与人身密切联系而无直接财产内容的社会关系,人身关系表现为人格和身份两个方面。人格权是法律赋予权力主体本身所应有的权利,如自然人享有的姓名权、肖像权、健康权、荣誉权、名誉权等,人格权属公民和法人终生享有,除法律规定外,人格权不能转让。身份权是与一定身份相联系的权利,法律保护这种平等主体之间因地位、关系所发生的权利,如家庭关系中的亲权、作者对作品的发表权和署名权、发明人的专利申请权等。

2. 行政法律关系

行政法律关系就是行政机关在行政管理过程中发生的由行政法律规范所调整的各种社会关系,是行政法律关系主体之间的权利义务关系。相对于其他法律关系而言,行政法律关系有自己独特的特征,主要表现为以下几个方面。

(1)行政法律关系的一方当事人,必须是国家行政机关,或法律法规授权行使行政机关职权的组织。在行政法律关系中,行政机关是不可或缺的一方当事人,否则,就不能称其为行政法律关系。

(2)行政法律关系靠国家强制力保障实施,具有国家强制性。行政法律关系是行政机关执行法定的职能和权限,对社会依法进行管理产生的法律关系,因而具有国家的强制性,任何人不履行行政法律关系确定的权利和义务,行政机关都可以依法强制执行或请求人民法院强制执行。在行政诉讼中,行政机关与行政管理相对人不允许和解或调解,体现了国家权力的神圣不可侵犯。

行政法律关系的主体是行政法律关系的参与者,包括行政机关和行政管理相对人。行政机关是行政法律关系中重要的当事人,任何行政法律关系的发生,都以行政机关作出具体行政行为为前提。行政管理相对人是行政法律关系指向的对象,任何公民、法人、其他组织都可能成为行政法律关系的相对人。如工商行政法律关系的主体是工商行政管理机关和各类从事经营活动的法人、个体工商户、其他组织等。

3. 刑事法律关系

刑事法律关系是指受刑法调整的,国家在打击犯罪、保护公民生命财产安全过程中发生的社会关系。刑法是掌握国家政权的统治阶级,为了维护本阶级的利益和统治秩序,以国家名义规定什么行为是犯罪,和犯了罪如何处罚的法律。刑法保护的是一切受到犯罪所侵害的社会关系,因此,其他部门法所保护的社会关系都同时借助刑法来保护。我国刑罚的主要任务是用刑法同一切刑事犯罪行为做斗争,以保卫无产阶级专政制度,保护国有财产和集体财产以及公民的私有财产,保护公民的人身权利、民主权利和其他权利,维护社会秩序、生产秩序、工作秩序、教学科研秩序和人民群众生活秩序。

4. 法律关系的发生

法律关系主体是法律关系的参加者。根据法律关系的类型,法律关系主体可以分为民事法律关系主体、行政法律关系主体、刑事法律关系主体。就某一个特定主体而言,在一个特定的时间、地点内是否会有一种法律关系发生在他身上,还要看是否发生某一个特定的法律事实。比如,就一辆机动车而言,韩某与某4S店之间的买卖合同一旦生效就在当事人之间产生了债的关系。随后的交付实现了所有权从卖方到买方的移转。债、所有权关系均属于民事法律关系。如果韩某驾车闯红灯,被罚款100元、扣6分就是行政处罚,行政法律关系就发生了。如果闯红灯将行人撞死,则又构成了交通肇事罪引发了刑事法律关系。

(三)调整性法律关系和保护性法律关系

法律关系按照产生的依据、执行的职能和实现规范的内容不同,可以分为调整性法律关系和保护性法律关系。调整性法律关系是基于人们的合法行为而产生的、执行法的调整职能的法律关系,它所实现的是法律规范(规则)的行为规则(指示)的内容。调整性法律关系不需要适用法律制裁,法律主体之间即能够依法行使权利、履行义务,如各种依法建立的民事法律关系、行政合同关系等。保护性法律关系是由违法行为而产生的、旨在恢复被破坏的权利和秩序的法律关系,它执行着法的保护职能,所实现的是法律规范(规则)的保护规则(否定性法律后果)的内容,是法的实现的非正常形式。它的典型特征是一方主体(国家)适用法律制裁,另一方主体(通常是违法者)必须接受这种制裁,如刑事法律关系。

（四）单向法律关系、双向法律关系和多向法律关系

按照法律主体的多少及其权利义务是否一致，可以将法律关系分为单向法律关系、双向法律关系和多向法律关系。单向（单务）法律关系，是指权利人仅享有权利，义务人仅履行义务，两者之间不存在相反的联系（如不附条件的赠与关系）。单向法律关系是法律关系体系中最基本的构成要素。其实，一切法律关系均可分解为单向的权利义务关系。双向（双边）法律关系，是指在特定的双方法律主体之间，存在着两个密不可分的单向权利义务关系，其中一方主体的权利对应另一方的义务，反之亦然。例如，买卖法律关系就包含着两个相互联系的单向法律关系。多向（多边）法律关系，又称“复合法律关系”或“复杂的法律关系”，是三个或三个以上相关法律关系的复合体，其中既包括单向法律关系，又包括双向法律关系，例如，行政法中的人事调动关系，至少包含三个方面的法律关系，即调出单位与调入单位之间的关系，调出单位与被调动者之间的关系，调入单位与被调动者之间的关系。这三种关系相互关联，互为条件，缺一不可。

【思考题】

1. 什么是法律关系？
2. 法律关系的合法性是什么？
3. 比较民事法律关系、行政法律关系和刑事法律关系的区别。

第二节　校生法律关系

一、概述

大学生在求学过程中首先发生的是与学校之间的关系。高等学校与大学生之间因教育活动而形成教育与受教育的关系。此外，高等学校作为一种组织系统，与大学生之间形成管理与被管理的关系，当用法律手段去规范他们之间的关系时，便产生了高等学校与大学生的法律关系，简称校生法律关系。校生法律关系是指依照法律规定，高等学校在教育管理大学生过程中，与大学生之间所形成的权利义务关系。高等学校与大学生法律关系，本质上就是大学生与学校之间的权利和义务关系，其核心就

是大学生权利的范围和法律保障的问题。

二、校生法律关系的性质

按照法律关系的性质,法律关系可分为民事法律关系、行政法律关系与刑事法律关系。那么高等学校与大学生之间是哪种性质的法律关系呢?

从整体而言,高等学校与大学生之间法律关系具有复杂叠合性的结构特征。校生之间既有平等民事主体间的合同与侵权民事法律关系,又有管理与被管理的行政法律关系,许多情况下还有民事法律关系与行政法律关系的交叉。这种复杂关系需要我们将高等学校与大学生法律关系放置于具体的事务内容中加以认定,以便准确定位两者的法律关系。因此,鉴于高等学校与大学生具体关系内容,两者间的法律关系呈现民事法律关系和特殊行政法律关系的双重复合性质。

具体而言,根据法律关系的形成条件即法律规范及法律行为,可将高校与大学生之间法律关系进行划分,两者之间既存在平权型的民事法律关系,又存在隶属的行政法律关系。一方面,大学生作为中华人民共和国的一般公民,享有普通公民共有的人身权和财产权等基本法律权利,享有基于与学校教育契约而产生的相应约定权利。同时,承担普通公民的义务和服从学校管束的义务。由此,而与学校产生特殊的民事法律关系。另一方面,我国高等教育法和教育法明确规定了高校“依法自主办学”和“按照章程自主管理”的权力。这种自主管理权,实际上是法律赋予学校为保证其机构目标的实现而对其内部事务进行处置的“自由裁量权”。所以说,高等学校作为授权性行政组织,享有一定的管理权,大学生作为受教育者,享有宪法赋予的受教育权,同时,应当接受学校的教育管理,履行相应的义务,由此两者之间产生特殊行政法律关系。

三、校生具体法律关系的性质界定

具体而言,在校大学生与高校之间存在着很多种关系,包括:大学生学籍管理关系、档案管理关系、教学管理关系、相关专业知识管理和大学生职业发展规划关系、毕业证书颁发和学位证书授予、大学生的奖励和处分、大学生财产管理关系、大学生住宿管理关系、大学生饮食服务关系、大学生校园人身安全关系等。现根据法律关系的形成条件即法律规范及法律行为,将这些具体的校生法律性质分别界定为行政法律关系与民事法律关系。

(一)行政法律关系

在校生法律关系中,属于行政法律关系的有以下几种。

1.学籍管理关系

学籍管理是教育法、高等教育法规定的高校对大学生进行教育管理的主要内容。学籍管理中的入学注册、成绩考核、升级与留级、降级、休学、停学、复学等是设立、变更、终止大学生与普通高校之间法律关系的主要内容。学校的学籍管理必须根据法律法规的规定建立一套规范、严密、科学的规章制度来规范每一位在校大学生,且不能通过学籍管理来限制大学生其他权利。

2.档案管理关系

高校大学生档案是大学生在校期间各方面表现及重要社会实践活动的真实记录,是反映大学生德、智、体、美等综合素质以及大学生家庭社会关系、经济状况的主要原始材料。它既是学校考察录用、培养教育大学生的第一手材料,又是国家选拔、任用人才的重要依据,更是每个大学生由学校走向社会的重要人事档案形成的基础。档案管理关系属于行政管理关系。

3.教学管理关系

普通高校的教学计划、课程安排、教科书的指定、教师授课等方面情况应当符合国家的相关规定,并可以在规定的范围内自主安排,大学生有服从的义务。但是,当学校的相关安排没有达到国家的相关标准或者不符合教育的目的,大学生可以进行申诉或者控告。

4.相关专业知识管理和学生职业发展规划关系

普通高校教学计划的制订、课程安排、教科书的指定、教师授课等,因具有较强的专业技术性,且不直接涉及学生的法律地位,在符合国家有关强制性标准的范围内,高校具有自主决定权。因此,该关系应视为普通高校的内部行政行为。

5.毕业证书的颁发和学位证书的授予

根据我国教育法和高等教育法的有关规定,对于拥护中国共产党的领导,拥护社会主义制度并通过了相应的考试,达到相应要求标准的大学生,有获得毕业证书和学位证书的权利,大学生所在普通高校应该按照相关法律的规定为其颁发毕业证书和授予学位证书。基于此,学校如果以内部规定为由拒绝颁发毕业证书和授予学位证书，大学生可以提起申诉或者控告。

*** 法条链接 ***

1. 教育法第二十二条规定：国家实行学业证书制度。经国家批准设立或者认可的学校及其他教育机构按照国家有关规定，颁发学历证书或者其他学业证书。

2. 教育法第二十三条规定：国家实行学位制度。学位授予单位依法对达到一定学术水平或者专业技术水平的人员授予相应的学位，颁发学位证书。

3.《中华人民共和国学位条例》第四条规定：高等学校本科毕业生，成绩优良，达到下述学术水平者，授予学士学位：

（一）较好地掌握本门学科的基础理论、专门知识和基本技能；

（二）具有从事科学研究工作或担负专门技术工作的初步能力。

4.《中华人民共和国学位条例》第五条规定：高等学校和科学研究机构的研究生，或具有研究生毕业同等学力的人员，通过硕士学位的课程考试和论文答辩，成绩合格，达到下述学术水平者，授予硕士学位：

（一）在本门学科上掌握坚实的基础理论和系统的专门知识；

（二）具有从事科学研究工作或独立担负专门技术工作的能力。

5.《中华人民共和国学位条例》第六条规定：高等学校和科学研究机构的研究生，或具有研究生毕业同等学力的人员，通过博士学位的课程考试和论文答辩，成绩合格，达到下述学术水平者，授予博士学位：

（一）在本门学科上掌握坚实宽广的基础理论和系统深入的专门知识；

（二）具有独立从事科学研究工作的能力；

（三）在科学或专门技术上做出创造性的成果。

6. 奖励和处分

奖励和处分都是普通高校对大学生的重要管理手段。高校要让大学生服从自己的教学管理，必须要有对大学生进行赏罚的权力，如高校只有规定警告、严重警告、记过、留校察看等处分和各项奖励，从而才能树立自己的权威。但是，根据本校规定做出奖罚行为，属于内部行政行为，大学生不能对此提起诉讼。对于涉及大学生与高校之间法律关系的变更和消灭的处罚行为，如勒令退学、转学、开除学籍等，高校只能很据相关法律法规做出决定，并接受司法审查。

（二）民事法律关系

1. 财产管理关系

根据教育法和高等教育法的相关规定，学校及其他教育机构在民事活动中依法享有民事权利，承担民事责任。普通高校对校园的相关设施、教学设施、图书资料、运动场馆等学校的财产享有所有权或者使用权，受教育者参加教育教学计划安排的各种活动，享有使用教育教学设施、设备、图书资料的权利。学校对这些国家财产或者学校财产享有自主管理和使用的权利，如果大学生破坏相关财产，学校可基于物权要求其赔偿。

*** 法条链接 ***

1. 教育法第三十二条规定：学校及其他教育机构具备法人条件的，自批准设立或者登记注册之日起取得法人资格。学校及其他教育机构在民事活动中依法享有民事权利，承担民事责任。学校及其他教育机构中的国有资产属于国家所有。学校及其他教育机构兴办的校办产业独立承担民事责任。

2. 教育法第四十三条规定：受教育者享有下列权利：

（一）参加教育教学计划安排的各种活动，使用教育教学设施、设备、图书资料；

（二）按照国家有关规定获得奖学金、贷学金、助学金；

（三）在学业成绩和品行上获得公正评价，完成规定的学业后获得相应的学业证书、学位证书；

（四）对学校给予的处分不服向有关部门提出申诉，对学校、教师侵犯其人身权、财产权等合法权益，提出申诉或者依法提起诉讼；

（五）法律、法规规定的其他权利。

3. 高等教育法第三十条规定：高等学校自批准设立之日起取得法人资格。高等学校的校长为高等学校的法定代表人。高等学校在民事活动中依法享有民事权利，承担民事责任。

2. 大学生住宿管理关系

大学生公寓一般属于学校的财产，学生对公寓的使用是与学校在平等自愿、等价有偿的基础形成的租赁合同关系。在这种关系下,一般四个或者六个学生共同租用学校的一间宿舍,成为承租人,学校构成出租人。其双方的权利义务参照民法上的租赁合同的相关规定。

3. 饮食服务

普通高校提供的饮食服务遵循平等、自愿、等价有偿的原则,双方构成普通消费关系。在这种关系下,学校是餐饮服务者,学生是消费者,双方的权利义务参照《消费者权益保护法》的相关规定。

4. 大学生校园人身安全关系

因普通高校对其财物管理不善,饮食服务瑕疵或在教学活动中发生的事故等导致大学生人身财产受到侵害的,例如房屋倒塌,因防火安全制度不健全而导致的火灾,因提供的教学设备、生活服务设施等不符合国家有关标准而导致大学生伤亡等,学校构成民法上的侵权行为,从而承担侵权责任。

四、高校内部规则

(一)高校内部规则的性质

高校对大学生的教育、管理基于其内部规则。高校内部规则即高校为了维护学校秩序、落实对大学生监督管理,在法律法规授权的情况下制定的约束大学生学习与生活行为的内部规则。高校通过内部规则进行管理是其约束内部成员的主要方式,是落实高校教育管理职能的细化手段,是高校基于其教育管理职能对大学生的行为做出的规定和约束。高校内部规则既区别于一般的外部行政法律法规,又区别于其他的社团内部规章。根据高等教育法,高校享有"依法自主办学"和"按照章程自主管理"的权力,这种权力类似于公法权力,使其制定的规章在某种程度具有公法效力,不同于一般团体制定的内部规则,如私营企业对其员工的纪律约束。同时,高校内部规则是对高校内部大学生的管理和约束,又使其区别于其他普遍性的具有外部约束力的行政法律规范。因此,高校内部规则是行政法律关系下高校的内部管理规定,对内部大学生具有约束力。

(二)高校内部规则的合法性与合理性问题

高校内部规则往往是学校的"基本法"。这一"基本法"的实施显然关系着作为管理对象的广大大学生的切身利益甚至基本权利。高校内部规则既然是进行高校管理的必要手段,并且其制定有法规和法理依据,那么通过正当程序制定的、内容合法合理的高校内部规则,其效力是毋庸置疑的。现具体介绍高校内部规则合法及合理的认定标准。

1. 高校内部规则合法性的认定标准

合法可以分为内容合法与程序合法。

内容合法,即高校内部规则的内容符合法律原则、法律规范,不违反教育部门制定的行政规章,不与法律法规的原则相抵触。更为重要的是,在事关大学生基本权利的原则性问题上(如退学权),高校内部规则的实施标准不应严于宪法、高等教育法以及其他相关法律法规。尽管立法部门和行政部门出于高校自主管理的考虑而将这项权力更大程度地留给高校自主行使,但在事关大学生基本权利的问题上,高校显然应该在现行法律的标准、范围内予以制定细则。

程序合法即高校内部规则的产生、修改、通过等程序均应符合法律规定,执行高校内部规则的行政行为也应该符合相关法律的规定。我国高等教育法将高校内部规则的制定权力全权交由高校校长行使。

*** 法条链接 ***

高等教育法第四十一条规定:高等学校的校长全面负责本学校的教学、科学研究和其他行政管理工作,行使下列职权:

(一)拟订发展规划,制定具体规章制度和年度工作计划并组织实施;

(二)组织教学活动、科学研究和思想品德教育;

(三)拟订内部组织机构的设置方案,推荐副校长人选,任免内部组织机构的负责人;

(四)聘任与解聘教师以及内部其他工作人员,对学生进行学籍管理并实施奖励或者处分;

(五)拟订和执行年度经费预算方案,保护和管理校产,维护学校的合法权益;

(六)章程规定的其他职权。

高等学校校长主持校长办公会议或者校务会议,处理前款规定的有关事项。

2. 高校内部规则合理性的认定标准

合理,是指高校内部规则的制定、实施、内容、处分标准等均应体现公正合理的法理精神，例如不能因大学生上课迟到而给予其留校察看的处分。

*** 法条链接 ***

1.《普通高等学校学生管理规定》第十八条规定：学校应当健全大学生学业成绩和学籍档案管理制度，真实、完整地记载、出具学生学业成绩，对通过补考、重修获得的成绩，应当予以标注。

学生严重违反考核纪律或者作弊的，该课程考核成绩记为无效，并应视其违纪或者作弊情节，给予相应的纪律处分。给予警告、严重警告、记过及留校察看处分的，经教育表现较好，可以对该课程给予补考或者重修机会。

学生因退学等情况中止学业，其在校学习期间所修课程及已获得学分，应当予以记录。学生重新参加入学考试、符合录取条件，再次入学的，其已获得学分，经录取学校认定，可以予以承认。具体办法由学校规定。

2.《普通高等学校学生管理规定》第三十条规定：

学生有下列情形之一，学校可予退学处理：

（一）学业成绩未达到学校要求或者在学校规定的学习年限内未完成学业的；

（二）休学、保留学籍期满，在学校规定期限内未提出复学申请或者申请复学经复查不合格的；

（三）根据学校指定医院诊断，患有疾病或者意外伤残不能继续在校学习的；

（四）未经批准连续两周未参加学校规定的教学活动的；

（五）超过学校规定期限未注册而又未履行暂缓注册手续的；

（六）学校规定的不能完成学业、应予退学的其他情形。

大学生本人申请退学的，经学校审核同意后，办理退学手续。

【思考题】

1. 高校是否具备行政主体资格？
2. 论述校生法律关系的性质。
3. 什么是高校内部规则？

第三节 师生法律关系

大学生与教师是高校活动的主要实践者。因此，师生关系是学生在校重要的社会关系，其直接影响着大学生的学业及健康成长。

一、概述

大学生是学校教学与管理的主要对象，教师队伍主要负责学生的教学与管理任务。所谓高校教师与大学生之间的法律关系，其实就是指高校教师和大学生在双方教与学、管理与被管理、服务与被服务等过程中所产生和形成的各种权利与义务关系。高校师生法律关系像校生法律关系一样是一种兼具行政法律关系和民事法律关系的双重法律关系。

二、师生法律关系的特殊性

在实际教学和生活中，高校教师的本质特征、权利义务、劳动特点以及大学生作为特定的教育法律关系主体，决定了教师与大学生之间的法律关系的特殊性。

（一）行政法律关系上的特殊性

教师是履行教育教学职责的专业人员，而不是国家行政工作人员。教师与大学生之间的管理和被管理关系，是在教育教学活动这一特定的条件下产生和发展的。离开了教育教学活动，教师与大学生的行政性的法律关系也就随之消失。就大学生而言，大学生作为行政管理的相对人、教育教学活动过程中的被管理者，而不是“被管教”的对象，因此，对于大学生违反教育法律法规和行政法律法规的行为，法律法规也有着特殊的规定，既不能采取一般的行政处分形式，也不宜采用罚款形式，一般只采用纪律处分。

（二）民事法律关系上的特殊性

一方面，作为公民，教师与大学生在宪法和法律面前是平等的。“中华人民共和国公民在法律面前一律平等。”“任何公民享有宪法和法律规定的权利,同时必须履行宪法和法律规定的义务。”在教育活动中,大学生必须遵守学生行为规范,尊敬师长,尊重教师的劳动,养成良好的思想品德和行为,努力学习,积极主动、有创造性地完成规定的学习任务。教师要热爱大学生、尊重和信任大学生、尊重大学生个性和人格,树立正确的教育观与价值观,将大学生的个性发展与全面发展结合起来。另一方面,法律法规又赋予大学生诸多的特殊权利。大学生有权要求教师在学业成绩和品行评价上给予公正的平等机会;大学生对教师侵犯其人身权、财产权等合法权益,有提出申诉或依法提起诉讼的权利。作为平等主体的教师与大学生在权利和义务上存在着不平等:法律并没有赋予教师对大学生的行为向有关部门申诉或提起诉讼的权利。

*** 法条链接 ***

教育法第四十三条规定:受教育者享有下列权利:

(一)参加教育教学计划安排的各种活动,使用教育教学设施、设备、图书资料;

(二)按照国家有关规定获得奖学金、贷学金、助学金;

(三)在学业成绩和品行上获得公正评价,完成规定的学业后获得相应的学业证书、学位证书;

(四)对学校给予的处分不服向有关部门提出申诉,对学校、教师侵犯其人身权、财产权等合法权益,提出申诉或者依法提起诉讼;

(五)法律、法规规定的其他权利。

(三)法律关系与其他关系交叉

教师和大学生都是具有情感的人,所以在考虑师生关系时,仅仅认识到师生之间客观的教学、管理关系是不行的,还要考虑师生的情感关系。师生间的情感关系往往产生在教育教学活动及日常的管理交往活动中,主要指教师和大学生在教学活动及日常的管理交往活动中自然形成的态度和感受以及在此基础上产生的心理联系。这种情感关系使师生走出了既定角色的束缚,不把自己当成工具性的教师或者大学生,而是把自己放在一定的情感氛围和体验中,实现人格、精神和情感信息的传递和交流。只有加上情感因素,师生关系才真正表现为实质意义上的人与人之间的关系。在学校的各种活动过程中,教师和大学生都是作为有着丰富情感生活的个体而存在和交往着。师生之间的人际交往活动表现为个体之间的交往、群体交流、社会知识、社会情感、社会态度等各种不同的社会心理过程。在师生交往过程中，只有相互信任、团结友好，师生之间才会产生积极、愉悦的体验，才会促进师生间的感情。传统的“尊敬师长”“师徒如父子”为主要内容的调整准则也对师生关系起着重要作用。

三、教师侵权典型情形

教师与大学生的法律关系是一种复杂的、特殊的法律关系，处理教师与大学生的法律关系时，起关键作用的是在教育教学中处于主导地位的教师。这里着重介绍几种可能存在的教师侵犯大学生权益的情形，以便大学生与教师在法律与道德的框架下建立良性的师生关系。

（一）教师违规行使评价权

教师享有指导大学生的学习和发展，评定大学生的品行和学业成绩的权利。教师评价权的行使对大学生的影响非常大，尤其在高校，教师对大学生的评价甚至会影响到大学生的就业及人生，因此教师在评价大学生过程中必须履行客观公正的义务，不得带有先入为主的主观色彩或者任何偏见，更不得非法行使评价权，而且任何组织和个人不得非法干预教师这项权利的行使。

现在有些大学生不把精力用在学习上，而是集中精力和老师搞好关系，甚至请客送礼，企图靠人情定成绩。个别教师抵抗不住诱惑，把握不好评价的尺度，违规行使评价权，给与自己关系好的大学生较高的分数，客观上侵犯了其他同学获得公正评价的权利。

此外，对思想品德状况的评价，由于不像学业成绩那样具有定量的标准，使得教师拥有更大的自由裁量权，如果教师不能正确行使权利，将给大学生的利益造成极大损害。

另外，对于毕业论文的评价，根据规定，没有导师的同意签字，大学生不能参与论文的送审与答辩。可以说导师掌握着大学生毕业的“生杀大权”。作为教师应该对大学生严格要求，帮助大学生不断进步。如果是出于种种目的，刁难大学生，则是违背教师基本义务的。如果因此对大学生的人身权造成损害，应承担相应民事及行政法律责任，如果构成犯罪，应承担刑事责任。

（二）大学生隐私权受到侵犯

隐私权，是指自然人享有的私人生活安宁与私人信息秘密依法受到保护，不被他人非法侵扰、知悉、收集、利用和公开的一种人格权，而且权利主体对他人在何种程度上可以介入自己的私生活，对自己是否向他人公开隐私以及公开的范围和程度等具有决定权。作为现行法律规范所确认和保障的一项公民的法定权利，高校学生的隐私权及其保护理应受到教师的重视并在教育管理的过程中予以体现，然而部分高校教师在对大学生进行管理时，往往管理过度，侵犯了大学生的隐私权，主要表现在以下几个方面。

1. 随意公开大学生考试成绩

有些高校教师为了激励大学生相互竞争，会公布大学生的考试成绩及其排序。事实上大学生的考试成绩应该是检验教学状况的一种发展性评价标准，而非公开性竞争的杠杆与工具。考试成绩是大学生个人生活中的一项信息内容，应属个人隐私范畴。当前，学习成绩是对大学生最主要的评价标准，在这样的环境下，随意公开成绩可能会侵犯部分大学生尤其是差生的自信与自尊，直接降低其社会评价，并为其带来一定程度的精神痛苦。许多发达国家已经把尊重大学生的分数隐私权写进法律，承认学习成绩属于大学生的隐私范畴。例如，在瑞典，法律规定公布大学生的考试成绩是对大学生的一种歧视，是违法的行为。因此，虽然法律没有明确规定，但是部分高校教师在教务管理中不适当地随意公开大学生考试成绩的行为已经构成了对学生隐私权的侵犯。

2. 肆意扩大针对大学生宿舍的权力

大学生宿舍作为大学生日常生活起居的场所，具有一定的隐私性质。学校基于管理需要可以进入大学生宿舍，检查宿舍卫生、用电等。但该类活动必须符合相应的条件、遵循一定的程序与规范，且必须控制在合理、合法的限度内。在检查宿舍时搜查大学生身体或私人物品的行为是绝对禁止的。我国刑事诉讼法及相关法律法规明确规定了只有公安机关、检察机关以及国家安全机关等有权进行搜查，且必须严格按照法律规定的程序进行。现实中部分高校为了处理一些宿舍事务，在非必要的情况下就擅自进入大学生宿舍，在处理部分宿舍盗窃等事件的过程中，一些没有搜查权限的学校保卫处教师甚至擅自搜查大学生的私人物品，虽冠以工作之名，但却违反法律程序规范，属于侵犯大学生隐私权的违法行为。

3. 披露大学生个人信息和情感隐私等

部分教师在工作过程中，可能掌握了许多大学生的私人信息，如大学生的家庭情况、心理问题、感情问题等，在这种情况下，教师应当严格遵守职业道德，保护大学生的隐私，不能随意将这些私人信息向他人泄露。在大学生出现感情问题等私人问题时，教师的工作权限仅限于教育和疏导，无权依靠强制手段干预。实践中，有些高校教师以公开点名批评或者让大学生公开承认错误的方式对待恋爱大学生是不恰当的，亦属侵犯大学生隐私权和名誉权的范畴。近年来，部分教师利用职务之便，将掌握的大学生电话号码等联系方式卖给培训学校等商业机构的行为，更是构成了对大学生隐私权的严重侵害。

（三）侵犯大学生著作权

近年来，因大学生学位论文的使用而产生纠纷的案件并不少见，而大学生学位论文著作权属于大学生是没有异议的，大学生发表是否征求老师意见只是礼貌问题，并非硬性要求。在这一问题上，高校教师应自觉提高师德，明确自身权利界限，充分尊重大学生的著作权。

在河南省高级人民法院2012年公布的《河南法院知识产权保护十大典型案件》中，一件涉及高校大学生学位论文著作权归属的案件引人关注。在该案件中，法院判决大学生学位论文的著作权应归大学生个人所有。在这个涉及高校大学生学位论文著作权的案件中，原告丁某和被告常某均为河南省某高校教师，丁某的研究生元某撰写的硕士论文发表在英国一家学术杂志上署名为丁某、元某、常某，丁某认为常某没有参加创作，而是为谋求个人名利在他人作品上署名，侵犯了其著作权。河南省高院在二审中认为，丁某在指导大学生撰写硕士学位论文期间，虽然对指导的研究生提供了物质条件、素材、咨询意见和其他辅助劳动，但这些行为并非著作权法意义上的创作。丁某未提供证据证明其对元某的硕士学位论文有共同创作的合意以及付出了直接和实质性的创造性劳动。因此，丁某对元某的学位论文不享有著作权，常某亦不存在侵犯丁某著作权的问题。“著作权法所称的创作，是指直接产生文学、艺术和科学作品的智力活动。为他人创作进行组织工作、提供咨询意见、物质条件，或者进行其他辅助工作，均不视为创作。”审理该案件的主审法官说，虽然指导老师的工作对学位论文的产生具有重要意义，但在通常情况下这些行为并未直接产生学位论文，并不构成著作权法意义上的创作，即辅导老师对大学生学位论文不享有著作权。本案中，大学生元某的导师丁某和该校教师常某都侵犯了元某的著作权,丁某诉常某侵犯其著作权的请求不能予以支持。

(四)大学生劳动报酬权受到侵犯

劳动报酬权,是指劳动者依照劳动法律关系,履行劳动义务,由用人单位根据按劳分配的原则及劳动力价值支付报酬的权利。我国宪法明确规定劳动报酬权是公民的基本权利,在校大学生理应平等享有。部分高校教师利用职务之便,将自己的私人工作分派给大学生,却没有向大学生支付相应的报酬,或者以勤工助学的名义让大学生完成大量工作,却仅仅支付低廉报酬,这些行为都是对大学生劳动报酬权的严重侵害。

(五)大学生程序性权利受到侵犯

根据相关的法律规范,大学生对学校的处分享有被告知权、申辩权、申诉权、诉讼权等程序性权利。对大学生的处分行为不仅内容上要合法,程序上也要合法。然而,由于受传统管理观念的影响,高校大学生工作者对大学生管理"重内容,轻程序"的倾向比较明显,习惯采取简单粗暴的工作方式,不告知大学生权利义务,不听取大学生申辩。有时甚至在事实不清、证据不足的情况下,仅凭主观臆断或其他大学生的只言片语就做出处分决定,忽视对大学生程序性权利的保护。

*** 法条链接 ***

1.《普通高等学校学生管理规定》第五十四条规定:学校给予学生处分,应当坚持教育与惩戒相结合,与学生违法、违纪行为的性质和过错的严重程度相适应。学校对学生的处分,应当做到证据充分、依据明确、定性准确、程序正当、处分适当。

2.《普通高等学校学生管理规定》第五十五条规定:在对学生作出处分或者其他不利决定之前,学校应当告知学生作出决定的事实、理由及依据,并告知学生享有陈述和申辩的权利,听取学生的陈述和申辩。

处理、处分决定以及处分告知书等,应当直接送达学生本人,学生拒绝签收的,可以以留置方式送达;已离校的,可以采取邮寄方式送达;难以联系的,可以利用学校网站、新闻媒体等以公告方式送达。

四、构建和谐的师生法律关系

师生关系是人类最美好的关系,包含着师生间最单纯、最无私、最淳朴的情感。只有将师生关系置于法治的轨道内,才能确保这种关系不偏离轨道。尊师重教、教书育人永远都是校园的主旋律。

(一)相互尊重,维护师生民事法律关系的和谐

民事法律关系与行政法律关系一个显著区别是民事法律关系主体之间地位是平等的,意志上是自由的。在我国自古以来就存在的“师道尊严”“一日为师,终身为父”的道德观念,使得师生关系极为不平等。教师高高在上,对大学生随意指使,对大学生权利随意践踏。大学生及家长从自身利益考虑,不敢得罪教师,这种违法现象在我国教育领域长期存在。现代高校师生关系的转变首先应在观念上转变。强调高校师生民事法律关系的和谐,关键是要在法律原则的统领下,建立和维护师生关系的一种权利义务相互一致的平等关系,双方的人格独立、定位明确。因此,学校和教师应当平等对待大学生,尊重对方人格;大学生也必须正当行使自身权利,尊师重教,同时要摒弃弱者观念,强化主体意识,敢于同违法行为抗争,维护自身的合法权益。

(二)行政法律关系要坚持“依法”原则,促进师生和谐

师生关系存在管理与被管理的一面,且这种管理或教育法律关系往往成为打破师生和谐关系的罪魁祸首。首先,必须明确学校或教师管理权利来自法律法规的授权。为了便于高校对大学生进行教育教学管理,教育法、高等教育法、教师法等法律明确将行政机关的部分教育行政管理职权授权给学校,特别是高等学校。如根据教育部的《普通高等学校学生管理规定》,高校对违法、违纪大学生可以进行纪律处分,其中最严重的可以开除大学生学籍,这种开除学籍的行为就是取消了大学生接受教育的权利,是一种行政处罚的行为;另外高校还有授予学位的权利。但法律法规赋予学校或教师依法管理的权利必须依法行使。

法律法规授权学校和教师对大学生的管理权利,目的是保障教育教学的顺利进行。所以一切管理,或者说对大学生权利的剥夺和限制都必须建立在维护大学生利益的正当目的上。这点是建立和维护高校师生和谐关系的核心。所以授权本身并不会必然导致大学生权利侵害。如高校

对大学生退学的处理，原《普通高等学校学生管理规定》第三十条规定："超过学校规定期限未注册的应予退学。"第十条规定："未按学校规定缴纳学费或其他不符合注册条件的不予注册，家庭困难的可申请贷款或其他资助办理有关手续后注册。"那么对没有按时交费的大学生该不该退学呢？高校也应该遵循行政法的比例原则，否则就有可能引发学校的不稳定因素。现《普通高等学校学生管理规定》已修改为"超过学校规定期限未注册而又未履行暂缓注册手续的"学校可予退学处理。如在2005年9月以前高校对大学生同居或结婚行为采取的劝其退学或开除处理明显违反了我国《婚姻法》的有关规定。即使要对大学生不当行为进行处理，也应该遵循法定的程序，保障大学生正当的权利，这样才能维护师生关系的和谐，促进学校的和谐。

（三）完善学生权利救济途径

在学校管理大学生过程中，学校作为强势的一方必须依法行使法律法规授予的管理权利，同时还要建立完善的权利救济机制。"没有救济就没有权利。"由于学校和大学生利益具有相对独立性，出现利益不一致是难免的。因此必须加强高校大学生维权机制的建立。对学校侵犯大学生财产权、人身权以及知识产权的，大学生可以直接到法院起诉，学校不能进行任何的干涉。

【思考题】

1. 大学生在学校生活中享有哪些权利？
2. 列举教师侵犯大学生合法权益的情形。
3. 论述师生法律关系的性质。

第四节　考试作弊行为的法律认定

一、概述

从古至今，考试都是我国选拔人才的一种主要方式。现代社会，考试不仅是国家衡量人才与教育水平的标尺，也是社会、家庭、个人判断人才的重要标准。很显然，考试在科技多样化的今天依然占据着主导地位。

大学生作为我国人才培养的重点对象,在通过高等学校教育努力学习科学知识、提高个人科学水平的同时也产生了许多令人担忧的问题。近年来,大学生作弊人数逐年增加,作弊手段复杂化、科技化,作弊主体多样化、群体化。作弊行为违背了公平、公正的选拔人才原则,不仅是道德的缺失也是对法律的触犯。总体上,考试作弊行为分为国家考试中的作弊行为与校内考试中的作弊行为两种。

二、国家考试中的作弊行为

在我国,有关考试作弊的法律制度不断完善。2015 年,我国刑法修正案九中增加了关于考试作弊行为的罪责规定,正式将国家考试中作弊行为规定为犯罪行为,予以严惩。

法律规定的国家考试是指由国家所颁布的法律中所规定的,由国家相关主管部门确定实施,由经批准的实施考试的机构承办,面向社会公众,统一进行的各种考试,包括中考、高考、研究生入学考试等学业考试,计算机等级考试、全国英语等级考试等社会证书类考试,司法职业资格考试、证券师从业资格、驾驶证考试等资格类考试,国家公务员招录考试等招录考试,等等。地方或行业按法律规定组织的考试,也属于法律规定的国家考试,如地方公务员考试。

刑法第 284 条规定:“在法律规定的国家考试中,组织作弊的,处三年以下有期徒刑或者拘役,并处或者单处罚金;情节严重的,处三年以上七年以下有期徒刑,并处罚金。”“为他人实施前款犯罪提供作弊器材或者其他帮助的,依照前款的规定处罚。”“为实施考试作弊行为,向他人非法出售或者提供第一款规定的考试的试题、答案的,依照第一款的规定处罚。”“代替他人或者让他人代替自己参加第一款规定的考试的,处拘役或者管制,并处或者单处罚金。”该条规定涉及的罪名有四条,其中前三条为作弊行为涉及的罪名。

(一)组织考试作弊罪

组织考试作弊罪惩罚的是在法律规定的国家考试中,组织作弊、扰乱考试秩序的行为。该罪的犯罪构成包括以下几种。

1. 犯罪主体

本罪的主体为一般主体,年满 16 周岁,具备刑事责任能力的自然人都能成为本罪的主体。本罪仅处罚组织考生作弊的组织者,不处罚参与作弊的考生。

2. 主观方面

本罪的主观方面为故意，即明知自己组织考生进行舞弊的行为会损害国家的考试管理秩序及他人公平参与考试的权利，但希望或放任这种危害结果的发生。

3. 犯罪客体

本罪所侵犯的客体为复杂客体，包括国家对考试组织的管理秩序和他人公平参与考试的权利。

4. 客观方面

本罪的客观方面表现为在法律规定的国家考试中组织作弊的行为。何为组织作弊？所谓“组织”，是指倡导、发起、策划、安排他人进行作弊的行为，组织的对象不限于考生，还可以包括考生家长、教师等。

(二)帮助他人考试作弊罪

帮助他人考试作弊罪具体表现为在法律规定的国家考试中为组织考生作弊的行为提供作弊器材、场所等行为。

“作弊器材”即考生作弊使用的各种器材，主要为各种伪装的偷拍偷录设备、无线发射机和接收机等。例如将监听器材嵌入学生用的橡皮中，有的放在手表中，有的无线耳机只有红豆粒大小。有的在直尺上镶嵌一个显示屏幕，屏幕上可以清晰显示数字和文字等信息。还有更先进的微型口腔骨传导耳机，直接放入口腔即可感知声音，不会被人察觉。

目前高科技的作弊器材种类繁多。如果向考试作弊组织者售卖、提供这些器材即构成本罪。

“其他帮助”是指除了为组织考试舞弊者提供作弊器材外的帮助，如为其提供资金、账户、场所、宣传等帮助。行为人所帮助的对象必须进行的是在法律规定的国家考试中组织考生作弊的行为。

(三)非法出售、提供试题、答案罪

1. 非法出售、提供试题、答案罪的客观方面

本罪的客观方面表现为：向他人非法出售或者提供法律规定的国家考试的试题、答案的行为。

首先，行为人实施的是非法出售或者提供行为。行为人可以以牟利

为目的,向他人提供试题和答案,与他人进行金钱交易,也可以不以牟利为目的,出于其他目的,向他人提供试题和答案。其次,必须是法律规定的国家考试。最后,行为人提供的必须是试题、答案,行为人可以是出售或提供试题或答案,也可以是既出售或提供试题,也出售或提供答案。

2. 与故意泄露国家秘密罪的区别

故意泄露国家秘密罪是指违反保守国家秘密的规定,故意泄露国家秘密,情节严重的行为。

在客体上,本罪侵犯的是国家的考试管理秩序以及考生公平参加考试的权利,故意泄露国家秘密罪侵犯的是国家的保密制度;客观方面,本罪表现为向他人非法出售、提供的行为,故意泄露国家秘密罪表现为口头的、书面的,或提供给他人阅读,或非法复制或窃取后送给他人等,且需达到情节严重要求。

在主体上,本罪为一般主体,故意泄露国家秘密罪的主体主要是国家机关工作人员,但非国家机关工作人员也可构成;主观方面,两者均为故意,但是本罪是为了实施考试舞弊行为,而故意泄露国家秘密罪对动机、目的未作要求。

(四)代替考试罪

本罪的犯罪主体为一般主体,即年满 16 周岁,具备刑事责任能力的人,犯罪主体在主观上是故意的。具体而言,本罪主体包括两种人,一是应试者,二是替考者,即平常所说的“枪手”。

本罪的犯罪行为,必须是实施了代替考试犯罪行为。即在法律规定的国家考试中,代替他人或者让他人代替自己参加国家规定的考试的行为,代考行为与被代考行为都是犯罪行为。

(五)刑罚

1. 拘役

拘役是指短期剥夺罪犯人身自由,就近拘禁并强制劳动的刑罚。在中国是主刑之一,拘役的期限为 1 个月以上 6 个月以下,数罪并罚时最高不能超过 1 年。拘役有如下特点:刑期短于有期徒刑,由公安机关就近执行;服刑期间,被处拘役者每月可回家 1 ~ 2 天,参加劳动者还可酌量发给报酬;拘役期满后再犯罪,不构成累犯。拘役的刑期,从判决执行之日起计算;判决前先行羁押的,羁押 1 日折抵刑期 1 日。

2. 管制

管制是对罪犯不予关押，但限制其一定自由，依法实行社区矫正（县一级司法行政机关执行）。判处管制的罪犯仍然留在原工作单位或居住地工作或劳动，在劳动中应当同工同酬。管制的期限为3个月以上2年以下，数罪并罚时不得超过3年。

被判处管制的犯罪分子，在执行期间，应当遵守下列规定：

（1）遵守法律、行政法规，服从监督。

（2）未经执行机关批准，不得行使言论、出版、聚会、结社、游行、示威自由的权利。

（3）按照执行机关的规定报告自己的活动情况。

（4）遵守执行机关关于会客的规定。

（5）离开所居住的市、县或者迁居，应当报告执行机关批准。

3. 罚金

罚金，是指法院判处犯罪人向国家缴纳一定数额金钱的刑罚方法。罚金属于财产刑的一种。这在中国刑法中是一种附加刑。中国刑法没有具体规定罚金的数额，只有原则性的规定。罚金的执行有三种情况：罚金在判决规定的期限内一次或分期缴纳；期满不缴纳的，强制缴纳。采取查封，变卖犯罪分子的财产或扣发工资等；如果有遭遇不能抗拒的灾祸缴纳确实有困难的，可以酌情减少或者免除。

犯罪情节较轻，适用单处罚金不致再危害社会并具有下列情形之一的，可以依法单处罚金：偶犯或者初犯；自首或者有立功表现的；犯罪时不满18周岁的；犯罪预备、中止或者未遂的；被胁迫参加犯罪的；全部退赃并有悔罪表现的。

三、校内考试中的作弊行为

大学生参加校内组织的期中、期末考试不属于国家考试。在校内考试中作弊，会产生何种法律后果呢？学校组织大学生参加校内考试，体现的是学校对大学生学业的管理关系。作为被管理者的大学生应该服从学校有关考试的相关管理制度。一旦违反学校管理制度，实施了作弊行为，应按学校相关规定承担责任。

*** 法条链接 ***

1.《高等学校学生管理办法》第五十一条规定：对有违反法律法规、本规定以及学校纪律行为的学生，学校应当给予批评教育，并可视情节轻重，给予如下纪律处分：

（一）警告；

（二）严重警告；

（三）记过；

（四）留校察看；

（五）开除学籍。

2.《高等学校学生管理办法》第五十二条规定：学生有下列情形之一，学校可以给予开除学籍处分：

（一）违反宪法，反对四项基本原则、破坏安定团结、扰乱社会秩序的；

（二）触犯国家法律，构成刑事犯罪的；

（三）受到治安管理处罚，情节严重、性质恶劣的；

（四）代替他人或者让他人代替自己参加考试、组织作弊、使用通信设备或其他器材作弊、向他人出售考试试题或答案牟取利益，以及其他严重作弊或扰乱考试秩序行为的；

（五）学位论文、公开发表的研究成果存在抄袭、篡改、伪造等学术不端行为，情节严重的，或者代写论文、买卖论文的；

（六）违反本规定和学校规定，严重影响学校教育教学秩序、生活秩序以及公共场所管理秩序的；

（七）侵害其他个人、组织合法权益，造成严重后果的；

（八）屡次违反学校规定受到纪律处分，经教育不改的。

根据《普通高等学校学生管理规定》第五十一条、第五十二条的规定，学校可根据学生作弊的情节、后果等作出处分。同时，由于开除学籍的处分对学生影响最大，在该规定中还具体规定了开除学籍处分使用的情形。涉及考试作弊的情形是第四项。代替他人或者让他人代替自己参加考试、组织作弊、使用通信设备或其他器材作弊、向他人出售考试试题或答案牟取利益，以及其他严重作弊或扰乱考试秩序行为的，学校可作出开除学籍处分。

总之，在校大学生会面临着各种各样的考试，既有校内的期末考试，也有全国统一的英语四六级考试，还有各种资格考试，以及升学就业面临的研究生考试、公务员考试等，在各类考试中都应本着诚信原则，杜绝作弊行为。考试作弊行为是违反诚信的不道德行为，甚至在某种程度上是一种违法违规行为，会给作弊人带来不利影响。大学生应该以身作则，不要去触碰法律的红线。

【思考题】

1. 法律规定的国家考试包括哪些？
2. 哪些作弊行为涉及刑事犯罪？
3. 大学生期末考试作弊，可能受到哪些惩罚？

第三章　兼职消费篇

课前导语：

在政治经济学中，生产、分配、交换、消费是社会生产总过程的四个环节，其中消费是生产总过程中的最后一个环节，也是最重要的一个环节。消费是一种为了满足生产和生活的需求而消耗物质财富的行为。在大学生活中，大学生作为一个没有完全进入社会的群体，其消费行为基本上占据主要地位。还有部分大学生会选择兼职来贴补自己的日常开销。那么在兼职和消费中会涉及哪些法律问题？大学生在兼职和消费过程中如何保障自己的合法权益？如何规避法律风险？本章将探讨大学生兼职消费的相关法律问题。

第一节　兼职的法律关系

一、概述

兼职是和专职、全职相对应的概念，一般意义上的兼职是指在本职工作之外兼任其他工作职务。本职工作是主要工作，是主职，非主要工作外的工作叫兼职，如果只做一种工作则叫专职或全职，就无所谓兼职。

大学生兼职，是相对大学生的主要“职业”——学业而言的，是指大学生为了解决经济困难或提高自身能力和素质，利用课余时间在校内或校外进行的劳动工作。

二、劳动关系与劳务关系之比较

(一)劳动关系

从狭义上讲,劳动关系是指劳动者在运用劳动能力、实现劳动过程中与用人单位产生的社会关系。

劳动关系具有结合性、从属性、人身隶属性、法律保障性等特点,具体分析如下。

1. 结合性

从劳动关系的主体上说,当事人一方固定为劳动力所有者和支出者,称为劳动者;另一方固定为生产资料所有者和劳动力使用者,称用人单位(或雇主)。劳动关系的本质是强调劳动者将其所有的劳动力与用人单位的生产资料相结合。

2. 从属性

劳动关系一旦形成,劳动关系的一方——劳动者,要成为另一方——所在用人单位的成员,所以,虽然双方的劳动关系是建立在平等自愿、协商一致的基础上的,但劳动关系建立后,双方在职责上具有了从属关系。

3. 人身隶属性

由于劳动力的存在和支出与劳动者人身不可分离,劳动者向用人单位提供劳动力,实际上就是劳动者将其人身在一定限度内交给用人单位,因而劳动关系就其本质意义上说是一种人身关系。但由于劳动者以让渡劳动力使用权来换取生活资料的,故用人单位要向劳动者支付工资等物质待遇。

4. 法律保障性

劳动关系一经形成,便在无形中建立了劳资双方在实现劳动过程中的各自权利与义务,且由包括劳动法、劳动合同法、劳动争议调解仲裁法、社会保险法等在内的法律体系进行规范,这种规范是强制性的,如果一方违反了有关法律法规的规定,侵害了另一方的劳动权益,将会受到法律制裁。

*** 法条链接 ***

1. 劳动法第七十条规定：国家发展社会保险事业，建立社会保险制度，设立社会保险基金，使劳动者在年老、患病、工伤、失业、生育等情况下获得帮助和补偿。

2. 劳动法第七十三条规定：劳动者在下列情形下，依法享受社会保险待遇：

（一）退休；

（二）患病、负伤；

（三）因工伤残或者患职业病；

（四）失业；

（五）生育。

劳动者死亡后，其遗属依法享受遗属津贴；

劳动者享受社会保险待遇的条件和标准由法律、法规规定；

劳动者享受的社会保险金必须按时足额支付。

3. 社会保险法第三十三条规定：职工应当参加工伤保险，由用人单位缴纳工伤保险费，职工不缴纳工伤保险费。

4. 社会保险法第四十一条规定：职工所在用人单位未依法缴纳工伤保险费，发生工伤事故的，由用人单位支付工伤保险待遇。用人单位不支付的，从工伤保险基金中先行支付。

从工伤保险基金中先行支付的工伤保险待遇应当由用人单位偿还。用人单位不偿还的，社会保险经办机构可以依照本法第六十三条的规定追偿。

（二）劳务关系

劳务关系是指由两个或两个以上的平等主体通过劳务合同建立的一种民事权利义务关系，劳动者与用工者根据口头或书面约定，由劳动者向用工者提供一次性或者特定劳动服务，用工者依约向劳动者支付劳务报酬的一种有偿服务法律关系。

劳务关系的特点如下。

（1）用工方不具备劳动法中用人单位的主体资格，或者具备主体资格但工作内容具有临时性。

（2）劳务提供方提供的劳务是临时的、短暂的。

(3)用工方与劳务提供方主体地位平等,不存在人身隶属性。

(4)劳务关系由民事法律进行规范。

(三)劳动关系与劳务关系的区别

1. 规范和调整劳动关系与劳务关系在法律依据方面的主要区别

劳动关系是用人单位与劳动者之间形成的特定关系。根据我国劳动法的规定,劳动关系的建立以订立劳动合同为主要标志。劳动合同法规定:用人单位自用工之日起即与劳动者建立劳动关系。因此,劳动关系是由劳动法和劳动合同法规范和调整的。

劳务关系由民法典进行规范和调整,建立和存在劳务关系的当事人之间是否签订书面劳务合同,由当事人双方协商确定。

2. 劳动关系主体与劳务关系主体的区别

劳动关系中的主体:一方应是符合法定条件的用人单位,即机关、企事业单位、社会团体或个体经济组织;另一方只能是自然人,而且必须是符合劳动年龄条件(必须是年满16周岁的公民才能是合法劳动者),且具有与履行劳动合同义务相适应的能力的自然人。

劳务关系的主体类型较多,是不确定的。可以是两个用人单位,也可以是两个自然人,也可以一方是用人单位,另一方是自然人。在劳务关系中,不存在一方必须服从另一方的隶属关系。劳务关系是一种平等主体的民事法律关系,劳动者只是按约定提供劳务,用工方也只是按约定支付报酬,没有管理与被管理、支配与被支配的权利和义务。

3. 当事人之间在承担义务方面的区别

劳动关系中的用人单位必须按照法律法规和地方规章等承担为职工缴纳社会保险的义务,且用人单位承担其职工的社会保险义务是法律的确定性规范。

劳务关系中的一方当事人不存在必须承担另一方当事人社会保险的义务,如居民不必为其雇佣的家政服务员缴纳社会保险。

4. 用人单位对当事人在管理方面的区别

劳动关系中,用人单位具有对劳动者违章违纪行为进行处理的管理权,如对职工严重违反用人单位的劳动纪律和规章制度、严重失职、营私舞弊等行为进行处理,有权依据其依法制定的规章制度解除当事人的劳动合同,或者对当事人给予警告、记过、降职等处分。

劳务关系中的一方对另一方的处理虽然也有不再使用或者要求当事人承担一定的经济责任的权利，但不包括对其解除劳动合同或给予其他纪律处分的形式。

5. 确定报酬的原则不同

在劳动合同中，用人单位体现按劳分配、同工同酬的分配原则，劳动合同中的用人单位对劳动者具有行使工资、奖金等方面的分配权利，支付报酬的方式一般按日、按周或者按月支付，有规律性、固定性的特点，同时用人单位必须遵守当地有关最低工资标准等法律法规的规定。

劳务合同中的劳务价格是按等价有偿的原则支付，由双方协商确定。当事人之间的报酬没有最低劳务报酬之类的法律规定，劳务合同多为一次性的即时结清或按阶段按批次支付，没有一定的规律。

6. 法律责任后果不同

用人单位违反劳动合同可能承担行政责任、民事责任甚至刑事责任，违反劳务合同一般只承担民事赔偿责任，而不涉及行政和刑事责任。如果在工作中出现危险，属于劳动合同的，由用人单位承担，属于劳务合同的，则由个人承担。

总之，劳动合同是用来调解劳动者与用人单位的劳动关系的，员工只要与某单位签订了劳动合同，或存在事实劳动关系，就是这个单位的人，其社保和福利工资等都在该单位享受。劳务合同只是一个经济合同，一个人在某个单位工作，可以与其他单位签订劳务合同，提供劳务，接受劳务的单位不用为其缴纳社会保险费。

三、大学生与兼职单位之间的法律关系

大学生与兼职单位之间的法律关系是属于劳动法律关系，还是属于民事雇佣法律关系（劳务合同）呢?

1995 年 8 月 4 日颁发的《劳动部关于贯彻执行〈中华人民共和国劳动法〉若干问题的意见》第十二条规定："在校生利用业余时间勤工俭学，不视为就业，未建立劳动关系，可以不签订劳动合同。"

西方国家在劳动立法方面比我国起步早，因此相对完善，大都肯定了打工大学生的劳动者资格，并且通过立法、执法、司法活动，对处于弱势地位的打工大学生给以倾斜性保护，确保劳动法律关系的公平。《公平劳动标准法案》是美国的劳动法法律体系中应用较为广泛的立法，根据该法案，雇员（即劳动者）是指"被雇主雇佣的任何人"。该法案将绝大多数行

业以及行业内的雇员都纳入了调整范围,在调整范围之内的雇员都可以享受最低工资标准。根据该规定,雇主可以以低于最低工资标准的工资雇佣以下人员:送信员、见习者、实习生和学徒;全日制学生;有残疾的工人。雇主主张对以上人员豁免适用法案规定的最低工资标准需要通过特许,且符合法案规定的特定要求。接受全日制授课的大学生受雇于零售或服务性商业机构、农业部门或需要更高专门知识的机构,可得到不少于现行最低工资标准 85 % 的工资。

我国将大学生与兼职单位之间的法律关系定性为劳务关系。

四、保护大学生兼职的合法权利

为了锻炼自身能力或者赚取生活费,很多大学生都会在课余时间选择兼职。大学生兼职容易出现各种纠纷:第一,工资拖欠或不给;第二,克扣工资;第三,工作时间延长且不支付延时工资;第四,黑中介或不正规中介的问题;第五,押金、保证金和扣押身份证的问题;第六,诈骗和传销。

然而,大学生兼职缺乏专门保护。《关于贯彻执行〈中华人民共和国劳动法〉若干问题的意见》第十二条规定,大学生兼职行为被排除在劳动法保护范围之外。2007 年 6 月底,教育部、财政部发布的《高等学校学生勤工助学管理办法》(以下简称办法)第 26 条规定:“校外勤工助学酬金标准不应该低于学校当地政府或者有关部门规定的最低工资标准,由用人单位、学校与大学生协商确定,并写入聘用协议。”然而,在国内的实践中,大多数大学生的校外兼职行为属于个人行为,基本上没有三方签订的聘用协议,因而不在办法规定之列。大学生兼职只能受到民法典相关法律法规的保护。

为了保护大学生兼职的合法权利,需要做到以下两点。

第一,大学生需要加强自身的权利意识,增强自我保护能力。只有在寻找兼职之前多了解劳动法、民法典等相关法律法规,才能在与中介、用人单位来往交流中不至于太过被动。要学会辨别获取兼职过程中的欺诈行为,提高自己的安全意识和维权意识,及早识破他人的骗局,将损害降到最低。另外,大学生在兼职过程中应当树立合同意识,与用人单位签订用工合同,明确双方的权利义务,并以此作为日后维权的依据。在遭遇侵权行为后要主动寻求法律的帮助,对侵害财产权益和非刑事类侵害人身权益的,积极采取协商、调解、仲裁和诉讼的保护方法,勇于运用法律武器维护自己的合法权益。如民法典第五百七十七条规定:“当事人一方不履行合同义务或者履行合同义务不符合约定的，应当承担继续履行、采取补救措施或者赔偿损失等违约责任。”当用人单位违反协议不付或者少付报酬，或者采取其他形式违反合同约定时，兼职大学生均有权根据相关规定要求用人单位承担违约责任。《最高人民法院关于审理人身损害赔偿案件适用法律若干问题的解释》第十一条第一款规定：“雇员在从事雇佣活动中遭受人身损害的，雇主应当承担赔偿责任。雇佣关系以外的第三人造成雇员人身损害的，赔偿权利人可以请求第三人承担赔偿责任，也可以请求雇主承担赔偿责任。雇主承担赔偿责任后，可以向第三人追偿。”兼职大学生与用人单位之间的关系属于雇佣关系，在兼职过程中受到的人身损害，应该由用人单位承担赔偿责任。

第二，学校应加强对大学生在兼职工作方面的引导。高等教育法第五十六条规定：“高等学校应当对学生的社会服务和勤工助学活动给予鼓励和支持，并进行引导和管理。”学校应当引导大学生树立正确的兼职观念，对大学生进行就业指导，缓解大学生对于就业的压力。

【思考题】

1. 什么是劳务关系？
2. 分析劳动关系与劳务关系的区别。
3. 大学生兼职属于劳动关系还是劳务关系？

第二节　传销行为

传销是法律所禁止实施的违法行为。传销组织利用大学生的求职心理，会想方设法诱骗大学生加入其中。为了确保人身、财产安全，大学生一定要警惕传销行为。

一、传销的概念及特征

（一）概念

2005 年 11 月 1 日起施行的《禁止传销条例》第二条中明确说明：“本条例所称传销，是指组织者或者经营者发展人员，通过对被发展人员以其直接或者间接发展的人员数量或者销售业绩为依据计算和给付报酬，或者要求被发展人员以交纳一定费用为条件取得加入资格等方式牟取非法利益，扰乱经济秩序，影响社会稳定的行为。”

所以，传销是指组织者发展人员，通过发展人员或者要求被发展人员以交纳一定费用为条件取得加入资格等方式非法获得财富的行为。传销的本质是“庞氏骗局”，即用后来者的钱作为前面人的收益。

（二）特征

传销包括以下行为特征：第一，交纳或变相交纳入门费，即交钱加入后才可获得计提报酬和发展下线的“资格”；第二，直接或间接发展下线，即拉人加入，并按照一定顺序组成层级；第三，上线从直接或间接发展的下线的销售业绩中计提报酬或返利，或以直接或间接发展的人员数量计提报酬或者返利。

只要具备拉人头、收取入门费、团队计酬这三种类型之一即是传销式销售商品和服务。

二、传销行为的类型

传销行为有三种类型。《禁止传销条例》第七条规定：“下列行为，属于传销行为：（一）组织者或者经营者通过发展人员，要求被发展人员发展其他人员加入，对发展的人员以其直接或者间接滚动发展的人员数量为依据计算和给付报酬（包括物质奖励和其他经济利益，下同），牟取非法利益的；（二）组织者或者经营者通过发展人员，要求被发展人员交纳费用或者以认购商品等方式变相交纳费用，取得加入或者发展其他人员加入的资格，牟取非法利益的；（三）组织者或者经营者通过发展人员，要求被发展人员发展其他人员加入，形成上下线关系，并以下线的销售业绩为依据计算和给付上线报酬，牟取非法利益的。”

一般认为，条例第七条第（一）项规定的是“拉人头型传销”，第（二）项规定的是“收取入门费型传销”，第（三）项规定的是“团队计酬型传销”，即多层次直销。

三、传销与直销

（一）直销的定义

直销企业招募直销员。直销是直销员在固定营业场所之外直接向最终消费者推销产品的经销方式。

(二)直销的优势

直销省去了传统销售中的批发、柜台零售等中间环节,避免了厂家对批发商和零售商的大笔让利,商品价格便宜,满足了人们对物美价廉商品的追求。总之,直销的优势在于:既为消费者节约了时间,又提供了方便;有利于老顾客的巩固和发展;突破了营业场所和地理位置的局限。

(三)直销与传销的区别

在日常的生活中,要分清什么是直销什么是传销。传销和直销有以下几点区别。

1. 有无入门费

传销公司收取入门费,数额在三五百到千元不等。有一些传销连锁公司,变换形式地收取入门费,如以入门认购产品为由收取几百到千元不等的费用。传销参加者缴费后,取得加入、介绍或发展他人的资格,并以此获得回报。而在正规的直销公司是没有这些费用的。

2. 有无依托优质产品

传销公司依托的是低质高价产品,一套只值几十元钱的化妆品可以标价为几百甚至上千元。而直销企业的产品标价则物有所值。

3. 产品是否在市场上销售

传销玩的是"聚众融资"游戏,他们的销售方式是入门的所有销售代表都要认购产品,但这些产品不在市场上销售,只作为拉进下一个销售人员的样本或宣传品。组织者利用后参加者所缴付的部分费用支付先参加者的报酬维持运作。而直销企业的产品质量好,因此产品在市场上畅销,其产品销售是由生产厂家通过营销代表直接送到顾客手中,中间没有环节,并且少有广告。

4. 有无退货保障制度

传销公司的产品一旦销售就无法退换,或者想方设法给退货顾客设置障碍。正规的直销企业为顾客提供完善的退货保障,如对顾客承诺在购货后 7 天内退回仍具有销售价值的产品,可获 100% 现金退款。

四、传销的特点及危害性

（一）特点

1. 迷惑性、欺骗性强

现在很多传销组织往往打着国家政策扶持的幌子，以招商引资、项目开发等名义，甚至伪造政府红头文件或者谎借政府名义蛊惑群众。不少传销组织披着合法外衣——工商执照、各种销售用工合同一应俱全，更容易使人上当受骗。

2. 采取的形式多样化

过去的传销基本上是传商品，现在更多的是传虚拟的概念。比如现在很多传销都号称原始股投资"资本运作"等，传销活动的组织者利用人们投资和投机的心理，不断变化传销的形式和手段。随着网络的发展，传销组织更是在网络上猖狂起来，他们在网络上包建各种网站，采用办理虚拟会员卡等新形式。

3. 低龄化趋势明显

据调查统计分析，近年来传销参与者年龄在 18 岁到 28 岁的约占 70%，低龄化趋势越来越明显，主要原因在于年轻人急于找工作，实现自身价值，但社会经验不足，辨别和自控能力较差，容易上当受骗。

4. 逃脱打击的能力强

多数传销组织采取异地"拉人头"的形式，并将人员按地域划分。彼此间不准联系、交叉发展，上下级间也是单线联系。因此，许多被骗来的受害者只能找到发展自己的人员，对其他任何信息一无所知，使执法人员在调查取证过程中很难弄清楚传销组织的具体架构，造成打击困难。

（二）危害

1. 扰乱市场经济秩序

传销组织者以高额回报为诱饵，骗取入门费，聚敛财产，严重破坏市场经济秩序。在组织传销的同时，利用传销的手段，干的是偷税漏税、制售假冒伪劣商品、集资诈骗、非法吸收个人存款、虚假宣传、侵害消费者权益等多种违法行为。

2. 危害社会稳定

传销侵害的多是农民、下岗职工等弱势群体和大学生等群体。绝大多数参加者血本无归，有的被逼无奈，引发偷盗、抢劫、行凶杀人等刑事案件。一些黑势力犯罪团伙参与传销组织，实施暴力胁迫，有的甚至利用传销进行邪教、帮会和迷信等活动。

3. 侵害群众利益和人身、财产安全

传销组织者诈骗不明真相的人员加入，对参加人员实行人身、经济、精神多重控制。

4. 败坏社会伦理道德

传销发展人员多从亲属、亲戚、朋友入手，在给传销者本人造成经济损失的同时，给其家庭也造成巨大伤害，破坏了人与人之间正常的信任关系，严重背离社会伦理道德，破坏精神文明建设。对参加人员实施精神控制，强制"洗脑"，灌输传销理论，使人沉溺于"一夜暴富"的发财梦想，长期不能自拔。

五、法律对传销行为的规制

（一）传销是犯罪行为

（1）《中华人民共和国刑法》第二百二十四条之一规定："组织、领导以推销商品、提供服务等经营活动为名，要求参加者以缴纳费用或者购买商品、服务等方式获得加入资格，并按照一定顺序组成层级，直接或者间接以发展人员的数量作为计酬或者返利依据，引诱、胁迫参加者继续发展他人参加，骗取财物，扰乱经济社会秩序传销活动的，处五年以下有期徒刑或者拘役，并处罚金；情节严重的，处五年以上有期徒刑，并处罚金。"

（2）以非法占有为目的，组织、领导传销活动，同时构成组织、领导传销活动罪和集资诈骗罪的，依照处罚较重的规定定罪处罚。

（3）犯组织、领导传销活动罪，并实施故意伤害、非法拘禁、敲诈勒索、妨害公务、聚众扰乱社会秩序、聚众冲击国家机关、聚众扰乱公共场所秩序、交通秩序等行为，构成犯罪的，依照数罪并罚的规定处罚。

（4）《最高人民检察院、公安部关于公安机关管辖的刑事案件立案追诉标准的规定（二）》第七十八条规定："组织、领导以推销商品、提供服务等经营活动为名，要求参加者以缴纳费用或者购买商品、服务等方式获得加入资格，并按照一定顺序组成层级，直接或者间接以发展人员的数量作为计酬或者返利依据，引诱、胁迫参加者继续发展他人参加，骗取财物，扰乱经济社会秩序的传销活动，涉嫌组织、领导的传销活动人员在三十人以上且层级在三级以上，对组织者、领导者，应予立案追诉。”

（二）传销是行政违法行为

《禁止传销条例》第二十四条规定：“有本条例第七条规定的行为，组织策划传销的，由工商行政管理部门没收非法财物，没收违法所得，处50万元以上200万元以下的罚款；构成犯罪的，依法追究刑事责任。有本条例第七条规定的行为，介绍、诱骗、胁迫他人参加传销的，由工商行政管理部门责令停止违法行为，没收非法财物，没收违法所得，处10万元以上50万元以下的罚款；构成犯罪的，依法追究刑事责任。有本条例第七条规定的行为，参加传销的，由工商行政管理部门责令停止违法行为，可以处2000元以下的罚款。”同时，第二十六条规定：“为本条例第七条规定的传销行为提供经营场所、培训场所、货源、保管、仓储等条件的，由工商行政管理部门责令停止违法行为，没收违法所得，处5万元以上50万元以下的罚款。”

【思考题】

1. 什么是传销？
2. 分析传销和直销的区别。
3. 大学生陷入传销组织，应该怎么办？

第三节　网络刷单行为

一、刷单

刷单是一个电商衍生词，店家付款请人假扮顾客，用以假乱真的购物方式提高网店的排名和销量来获取销量及好评，吸引顾客。它一般是由买家提供购买费用，帮指定的网店卖家购买商品提高销量和信用度，并填写虚假好评的行为。其本质上属于虚假交易的行为。

刷单，一般可分为单品刷销量为做爆款等做准备和刷信誉以提高店铺整体信誉度两种。网店通过“刷单”获取销量及好评吸引顾客,按商品价格及数量向“刷单军团”支付佣金。通过这种方式,网店可以获得较好的搜索排名,会更容易被买家找到。

二、刷单产生的原因

2016年3月15日,央视3·15晚会曝光了淘宝、大众点评等网购刷单内幕。央视3·15记者在淘宝上开了一个卖面膜的店铺,只要支付给“刷客”千元佣金,便可在三天内立马升级为蓝钻,拥有200多条好评。即使店内没有一件真实商品,也可通过网上的“代发空包”服务,将一件件并不真实存在的包裹签收。对于网络上的这种违法行为,阿里巴巴安全部相关负责人表示,对于刷单,基本上是24小时都在实施监控。但是由于没有执法权,再加上刷单带来的高额利润,打击刷单还很艰难,所以他们也呼吁国家有关执法部门严厉打击灰黑产业从业者,形成司法判例和有效的打击力度及震慑态势,净化社会诚信环境。

那么,为什么会产生刷单行为呢?

首先,对于入驻平台的商家而言,只有自己所售商品能优先呈现到消费者面前,才有竞争优势。许多电商平台在同类商品的呈现方式上,把销量和好评列为排序条件,因此销量高和好评多的商品更容易被消费者搜索到。卖家为了让自己的商品在几百万商品中引起消费者的关注,具有主动迎合电商平台排序设计,提高销量和好评的动力。刷单可以让卖家在短时间内取得销量和好评,采取这一方式提升店铺评级的速度比正常经营的店铺快至少10倍。

其次,对于电商平台而言,短期来看,卖家雇人刷单从总体上会提高平台的人气,能吸引更多的卖家入驻平台开店,也能吸引消费者选择该平台购物。而正处于吸引投资阶段的平台,对刷单行为更是睁一只眼闭一只眼。更有甚者,一些平台高管迫于内部绩效考核的压力,会暗示商家实施刷单行为。从一定程度上看,电商平台对卖家及商品判断标准的单一性,让刷单行为有了可乘之机。

最后,对于刷手而言,他们大部分是挣外快的大学生和家庭妇女及部分白领。刷手从事刷单行为投入低,只需要一台电脑或一部智能手机,剩下的就是时间。刷单过程简单易学,工作时间灵活、利润可观,因此受到不少兼职人员的青睐。

三、刷单行为的法律性质

从法律角度来看，刷单涉嫌违法犯罪。

（一）刷单涉嫌刑事犯罪

专业组织刷单，从中谋取非法利益的人或组织，可能涉嫌构成非法经营罪。

*** 法条链接 ***

刑法第二百二十五条规定：违反国家规定，有下列非法经营行为之一，扰乱市场秩序，情节严重的，处五年以下有期徒刑或者拘役，并处或者单处违法所得一倍以上五倍以下罚金；情节特别严重的，处五年以上有期徒刑，并处违法所得一倍以上五倍以下罚金或者没收财产：

（一）未经许可经营法律、行政法规规定的专营、专卖物品或者其他限制买卖的物品的；

（二）买卖进出口许可证、进出口原产地证明以及其他法律、行政法规规定的经营许可证或者批准文件的；

（三）未经国家有关主管部门批准非法经营证券、期货、保险业务的，或者非法从事资金支付结算业务的；

（四）其他严重扰乱市场秩序的非法经营行为。

（二）刷单违反其他法律

1. 涉嫌违反《中华人民共和国电子商务法》

2018 年 8 月 31 日，十三届全国人大常委会第五次会议表决通过的电子商务法第十七条规定："电子商务经营者应当全面、真实、准确、及时地披露商品或者服务信息，保障消费者的知情权和选择权。电子商务经营者不得以虚构交易、编造用户评价等方式进行虚假或者引人误解的商业宣传，欺骗、误导消费者。"对于电子商务经营者，雇佣他人刷单的行为即构成该法所称的欺骗、误导消费者的行为。

2. 涉嫌违反《中华人民共和国消费者权益保护法》

卖家通过"作弊行为"营造了自己的虚假信誉，造成商品销量高的假象，已侵害了消费者的合法权益，涉嫌欺诈。按照消费者权益保护法的规定，聘用评论师进行虚假的评论，属于虚假宣传行为，违反了自愿、平等、公平、诚实信用的原则，其行为侵犯了消费者的知情权、公平交易权。“刷单”的个人或团体，如果因此造成消费者损害，可能与经营者承担连带责任。

*** 法条链接 ***

1. 消费者权益保护法第八条规定：消费者享有知悉其购买、使用的商品或者接受服务的真实情况的权利。

消费者有权根据商品或者服务的不同情况，要求经营者提供商品的价格、产地、生产者、用途、性能、规格、等级、主要成分、生产日期、有效期限、检验合格证明、使用方法说明书、售后服务，或者服务的内容、规格、费用等有关情况。

2. 消费者权益保护法第十条规定：消费者享有公平交易的权利。

消费者在购买商品或者接受服务时，有权获得质量保障、价格合理、计量正确等公平交易条件，有权拒绝经营者的强制交易行为。

3. 消费者权益保护法第四十五条规定：消费者因经营者利用虚假广告或者其他虚假宣传方式提供商品或者服务，其合法权益受到损害的，可以向经营者要求赔偿。广告经营者、发布者发布虚假广告的，消费者可以请求行政主管部门予以惩处。广告经营者、发布者不能提供经营者的真实名称、地址和有效联系方式的，应当承担赔偿责任。

广告经营者、发布者设计、制作、发布关系消费者生命健康商品或者服务的虚假广告，造成消费者损害的，应当与提供该商品或者服务的经营者承担连带责任。

社会团体或者其他组织、个人在关系消费者生命健康商品或者服务的虚假广告或者其他虚假宣传中向消费者推荐商品或者服务，造成消费者损害的，应当与提供该商品或者服务的经营者承担连带责任。

3. 涉嫌违反《中华人民共和国民法典》

民法典第一百四十八条规定：“一方以欺诈手段，使对方在违背真实意思的情况下实施的民事法律行为，受欺诈方有权请求人民法院或者仲裁机构予以撤销。”第一百四十九条规定：“第三人实施欺诈行为，使一方在违背真实意思的情况下实施的民事法律行为，对方知道或者应当知道该欺诈行为的，受欺诈方有权请求人民法院或者仲裁机构予以撤销。”所谓欺诈，是指一方当事人故意告知对方虚假情况，或者故意隐瞒真实情况，诱使对方当事人作出错误的意思表示。

4. 涉嫌违反《中华人民共和国反不正当竞争法》

反不正当竞争法第九条规定：“经营者不得利用广告或者其他方法对商品的性能、用途等作引人误解的虚假宣传。”第十二条规定：“经营者不得利用技术手段，通过影响用户选择或者其他方式，实施妨碍、破坏其他经营者合法提供的网络产品或者服务正常运行的行为。”《网络交易管理办法》第十九条将虚构交易定性为不正当竞争行为。总之，刷单行为不仅是一种引人误解的虚假宣传，还是一种影响用户选择的、破坏其他经营者的正常经营的行为。所以它与反不正当竞争法相违背，会侵害他人合法权益。

*** 法条链接 ***

《网络交易管理办法》第十九条规定：网络商品经营者、有关服务经营者销售商品或者服务，应当遵守《反不正当竞争法》等法律的规定，不得以不正当竞争方式损害其他经营者的合法权益、扰乱社会经济秩序。同时，不得利用网络技术手段或者载体等方式，从事下列不正当竞争行为：

（一）擅自使用知名网站特有的域名、名称、标识或者使用与知名网站近似的域名、名称、标识，与他人知名网站相混淆，造成消费者误认；

（二）擅自使用、伪造政府部门或者社会团体电子标识，进行引人误解的虚假宣传；

（三）以虚拟物品为奖品进行抽奖式的有奖销售，虚拟物品在网络市场约定金额超过法律法规允许的限额；

（四）以虚构交易、删除不利评价等形式，为自己或他人提升商业信誉；

（五）以交易达成后违背事实的恶意评价损害竞争对手的商业信誉；

（六）法律、法规规定的其他不正当竞争行为。

5. 涉嫌违反《中华人民共和国广告法》

广告法的实施为监管部门如何处理网络刷单等违法行为提供了一种新的法律规制思路。广告法第二十八条规定：广告以虚假或者引人误解的内容欺骗、误导消费者的，构成虚假广告。

广告有下列情形之一的，为虚假广告：

（一）商品或者服务不存在的；

（二）商品的性能、功能、产地、用途、质量、规格、成分、价格、生产者、有效期限、销售状况、曾获荣誉等信息，或者服务的内容、提供者、形式、质量、价格、销售状况、曾获荣誉等信息，以及与商品或者服务有关的允诺等信息与实际情况不符，对购买行为有实质性影响的；

（三）使用虚构、伪造或者无法验证的科研成果、统计资料、调查结果、文摘、引用语等信息作证明材料的；

（四）虚构使用商品或者接受服务的效果的；

（五）以虚假或者引人误解的内容欺骗、误导消费者的其他情形。

经营者刷单的目的是提高销量和信用度，并用这些信息来影响消费者的购物思想和购物行为，实际是进行广告式的宣传，网络刷单违法行为是否也可以适用新广告法进行调整和规制？这些都可以在今后的立法层面和执法实践中进行尝试并予以明确。

从整体来看，我国对于刷单涉及的相关法律分布在各个部门法之中，不够集中，导致在实践中无法全面客观地适用，而且缺乏对惩罚方式及力度的明确规定，所以在现实生活中此类法律往往治标不治本。违法成本低，导致大量的网络店铺无视相关的法律法规，刷单现象屡禁不止。于是，就会催生一系列的网络诈骗现象。

四、刷单背后的陷阱：刷单催生网络诈骗现象

网络是一个公共自由的开放性平台，越自由就越容易滋生犯罪，每个人都可能躲在电脑背后，通过键盘肆无忌惮地来发表自己的看法，或者钻法律的空子去进行一些不法的行为。

网络刷单滋生了刷客这一职业。刷客，也就是帮助网络卖家赚钱的人。这些刷客有的是孤军奋战，有的是并肩作战，他们主要通过 QQ 群等方式进行联系。据内部人员介绍，加入刷单组织需缴纳一定的保证金，并且要经过一定的培训，正式上岗之后，每单收入大概在 4 ~ 5 元，其中大部分刷客是缺乏法治意识的大学生和家庭妇女。部分有强烈赚钱心理的大学生，自我信息和隐私保护的意识薄弱，因此容易成为刷客。

大学本是学习知识的地方，只有不断充实自己才有可能获得更好的就业和工资。若是家庭情况确实困难，可以做兼职，但是切记要擦亮眼睛，提高自我保护意识和鉴别意识，尤其是在网络上进行交易的时候，不要随

意在网上输入个人信息，尤其是银行卡和支付宝账号、密码等；也千万不要相信世上真的有天上掉馅饼的事情。网络世界是虚拟无情的，在自己合法权益受到侵害时，要及时用法律的武器来保护自己，尽量减少损失。网络刷单本就是违法行为，作为新时代的大学生更要规范自己，明确自己的任务，加强自律，有自己的看法和主见，要对未来的自己负责，不可“一步错，步步错”，辜负了这么多年来努力的自己和家人。

【思考题】

1. 什么是刷单？
2. 为什么会产生刷单行为？
3. 如何对刷单行为进行法律评价？

第四节　间谍罪

一、概述

《中华人民共和国反间谍法》于 2014 年 11 月 1 日第十二届全国人民代表大会常务委员会第十一次会议通过。

谈到间谍，人们似乎感觉这是只有在电影中才会存在的角色。但是实际上，来自其他国家和地区的间谍时时刻刻在进行着破坏我国安全的活动。在校大学生，尤其是重点大学、重点实验室，涉及政治、经济、国防科工、前沿科技的大学生是被策反的重点对象。我国要在复杂多变的国际局势中、在尖锐激烈的国际竞争中立于不败之地，就必须加强反间谍工作。尤其是大学生要树立反间谍的法律意识，维护国家安全。

关于间谍行为的规定，主要体现在《中华人民共和国刑法》和《中华人民共和国反间谍法》两部法律中。

二、间谍罪定义

间谍罪是指参加间谍组织或者接受间谍组织及其代理人的任务，或者为敌人指示轰击目标的行为。

根据刑法的规定，间谍罪是行为犯罪，并不以实际上发生法定的危害结果作为犯罪成立的要件,只要行为人实施了间谍行为,即构成本罪。

三、间谍罪的认定

间谍罪的认定,关键在于间谍行为的认定。

(一)间谍行为的类型

反间谍法第三十八条规定:本法所称间谍行为,是指下列行为:

(一)间谍组织及其代理人实施或者指使、资助他人实施,或者境内外机构、组织、个人与其相勾结实施的危害中华人民共和国国家安全的活动;

(二)参加间谍组织或者接受间谍组织及其代理人的任务的;

(三)间谍组织及其代理人以外的其他境外机构、组织、个人实施或者指使、资助他人实施,或者境内机构、组织、个人与其相勾结实施的窃取、刺探、收买或者非法提供国家秘密或者情报,或者策动、引诱、收买国家工作人员叛变的活动;

(四)为敌人指示攻击目标的;

(五)进行其他间谍活动的。

(二)间谍行为的进一步解读

反间谍法第三十八条对构成间谍罪的间谍行为作了限制性的规定,即行为人实施的间谍行为必须是针对中华人民共和国,以对国家安全造成危害为目的,否则,不构成间谍罪。也就是说,行为人虽实施了间谍行为,若这种行为不具有危害我国国家安全性质的,则不能按间谍罪论处。例如,行为人虽参加了间谍组织,具有间谍身份,但该人参加间谍组织是为了针对其他国家,负有针对其他国家的间谍任务,而并不是针对危害中华人民共和国国家安全而参加间谍组织的,对这种人就不能按间谍罪予以追究。

在实践中,对接受间谍组织及其代理人的任务的和为敌人指示轰炸目标的间谍行为是否具有危害我国国家安全的性质较好认定,而对参加间谍组织的间谍行为是否具有危害我国安全则较难把握。只要查明行为人参加间谍组织所针对的目标是什么,就可判断行为人的行为是否危害了我国国家安全。若行为人的目标是针对我国而参加间谍组织的,就可认为是对我国国家安全造成了危害。因为,国家安全的危害,并不需要具有物质性的损害结果,国家安全受到危害在行为人参加间谍组织时就一并存在。

同时,要把参加间谍组织的间谍分子同这些组织中的非间谍分子加以区别。所谓非间谍分子,是指间谍组织中未履行参加间谍组织的手续,也未进行间谍活动的工程技术、一般勤杂、医务、传达、庶务等人员。这些人员虽然也来我国旅游、探亲、学术交流、经贸洽谈等,但没有进行间谍活动的,不能按间谍罪予以追究。

一些行为人参加间谍组织,接受了间谍组织及其代理人任务后,又去实施所接受的任务,诸如,进行窃取、刺探、收买、非法提供国家秘密或进行如暗杀、放火、爆炸、投毒等破坏活动的行为,这种行为人参加间谍组织,接受间谍组织及其代理人的任务而进行其他犯罪的,在构成间谍罪的同时,又构成了其他犯罪,应予数罪并罚。

*** 法条链接 ***

反间谍法第六条规定:境外机构、组织、个人实施或者指使、资助他人实施的,或者境内机构、组织、个人与境外机构、组织、个人相勾结实施的危害中华人民共和国国家安全的间谍行为,都必须受到法律追究。

四、间谍罪的量刑标准

刑法第一百一十条规定:“有下列间谍行为之一,危害国家安全的,处十年以上有期徒刑或者无期徒刑;情节较轻的,处三年以上十年以下有期徒刑:(一)参加间谍组织或者接受间谍组织及其代理人的任务的;(二)为敌人指示轰击目标的。”第一百一十一条规定:“为境外的机构、组织、人员窃取、刺探、收买、非法提供国家秘密或者情报的,处五年以上十年以下有期徒刑;情节特别严重的,处十年以上有期徒刑或者无期徒刑;情节较轻的,处五年以下有期徒刑、拘役、管制或者剥夺政治权利。”第一百一十二条规定:“战时供给敌人武器装备、军用物资资敌的,处十年以上有期徒刑或者无期徒刑;情节较轻的,处三年以上十年以下有期徒刑。”第一百一十三条规定:“本章上述危害国家安全罪行中,除第一百零三条第二款、第一百零五条、第一百零七条、第一百零九条外,对国家和人民危害特别严重、情节特别恶劣的,可以判处死刑。犯本章之罪的,可以并处没收财产。”

同时,刑法总则第五十六条规定:“对于危害国家安全的犯罪分子应当附加剥夺政治权利。”

五、境外间谍机构策反大学生的原因和特点

（一）境外间谍机构策反大学生的原因

境外间谍机构将策反目标锁定大学生的原因：一是大学生群体受教育程度高，思维活跃度高，情感丰富，容易接受外来新事物。这些特点恰恰容易被境外间谍机构利用。二是科研院所和高校是我国高科技项目研发的前沿阵地，大学生在高校里接触到的经济、技术、材料等领域的资料或者参与的课题、项目，对境外间谍来说有情报价值。通过策反大学生可获得我国科研项目等有价值的信息。三是大学生身份单纯，不易被察觉。大学生安全防范意识不强、社会经验不足，有的还需要寻找一些经济来源以支持学业。境外间谍常利用做兼职、发调查问卷之类的名目，以丰厚的酬金为诱饵，吸引大学生为其搜集、窃取情报。大学生“上钩”后如果想退出，境外间谍就会采取威胁、讹诈等手段逼迫大学生继续为他们效力。另外，境外间谍有可能介入大学生的求职过程，支持、鼓励其报考涉密的单位，企图将大学生发展成为安插在我党政军的“潜伏间谍”。四是大学时期，大学生的父母等社会关系处于其社会关系发展的顶峰时期，利用价值高。五是大学生掌握各类软件的使用技能，并具有一定的分析总结能力，具备完成境外间谍机构布置的资料收集、汇总和分析的能力。

（二）境外间谍机构策反大学生的特点

2012 年以来，由国家安全机关依法审查的网络策反国内大学生案有多起，涉案大学生遍及十余省市。2012 年以来校园间谍案发率呈现上升趋势。

通过对近年来大学生间谍案件的分析，发现境外间谍机构招募策反大学生主要有以下两点。

（1）利用为大学生提供资助、就业岗位、学习机会等为诱饵，对目标大学生进行策反。如利用大学生兼职赚钱机会策反；以科研项目经费资助为由策反；利用对家庭困难大学生进行资助为由策反；以为毕业生提供应聘岗位为由策反。

一般而言，间谍机构前期以布置简单任务或者直接资助的方式让大学生得到“利好”而“上钩”，当任务简单并有丰厚酬劳的模式让涉案大学生产生依赖后，间谍机构便会安排更复杂的任务，并同时将之前完成的工

作以检举为由胁迫大学生就范。有的间谍机构甚至以此要挟大学生,影响和支配其就业选择,目的就是要把这些大学生发展为长期间谍人员。

(2)利用互联网为媒介。2020 年 4 月,中国互联网络信息中心发布了第 45 次《中国互联网络发展状况统计报告》,显示中国境内网民数已达到 9.04 亿,手机移动网民达 8.97 亿,而网民中相当一部分就是在校大学生。高校大学生作为网络媒体应用最广泛和最积极的参与者,其思想、学习、生活都会受网络影响。在全球网络化信息时代背景下,境外间谍组织多利用网络工具,如聊天工具、微博论坛、招聘网站等远程方式寻求策反目标,其特点是目标范围大、沟通方式隐秘便捷、可远程监控、目的不易被觉察。

六、学生对间谍行为的预防和处置

(一)大学生要增强反间防谍意识

(1)大学生要树立国家安全高于一切的观念,克服麻痹思想,提高识别能力,在与境外人员接触时严守国家秘密。

(2)大学生要善于识别各种伪装,发现外教或境外人员在不恰当的场所宣扬西方的"自由""民主""人权",散布极端的个人主义和无政府主义思潮时,及时向国家安全机关、公安机关或高校保卫部门报告。对于收到的反动宣传品要及时主动上交给国家安全机关、公安机关或高校保卫部门,防止扩散和产生不良影响。

(3)大学生到国外学习、旅游前,应了解、掌握国家安全知识,提高安全防范意识,自觉维护国家安全,坚决抵制敌对势力的策反、拉拢、威胁、利诱等活动。

(二)大学生在日常交往中要增强保密防范意识

(1)大学生要学习保密常识,接受保密教育,正确认识保密与窃密的斗争,增强保密意识,严格遵守保密制度。

(2)大学生要提高安全防范意识,在对外交往中坚持内外有别,不要透露涉及我国内部的人事组织、社会治安状况、科技成果、技术诀窍和经济建设中各种未公开的数据资料。凡涉及国家秘密的内容,应当回避或按上级的对外口径回答。

(3)大学生在与境外人员接触时不要携带秘密文件、资料和记有秘密事项的记录本。对方向我方索取科技成果、资料、样品或公开询问我方内部秘密时，要区别情况，灵活予以拒绝。

（4）未经主管部门批准，不要带境外人员参观或进入非开放区域、场所；不准境外人员利用学术交流、讲课的机会进行系统的社会调查；不要填写境外人员发放的各种调查表，或替他们撰写社会调查方面的文章。

（5）在新闻出版工作中，大学生要注意保密原则，不要随意刊载有关国防、科研等事关国家秘密的事项。参加国际学术会议或在国外刊物上发表文章，要按规定办理审批手续。不要为境外人员提供或代购内部读物和资料。

（三）学生对疑似间谍行为的处置

1. 发现失密、泄密和窃密情况时应当如何处理

大学生发现有以下失密、泄密和窃密情况时，应当及时向国家安全机关、公安机关和保密行政管理部门报告：拾获属于国家秘密的文件、资料和其他物品的；发现有人买卖属于国家秘密的文件、资料和其他物品的；发现有人盗窃、抢夺属于国家秘密的文件、资料和其他物品的；发现泄露或可能泄露国家秘密线索的。

2. 在境内外受胁迫或受诱骗实施了间谍行为，应该怎么办

在境外受胁迫或者受诱骗参加敌对组织、间谍组织，从事危害我国家安全的活动，一定要悬崖勒马，立即停止间谍行为，并及时向我国驻外机构如实说明情况，或者入境后直接或者通过所在单位及时向国家安全机关、公安机关如实说明情况，争取宽大处理。如有悔改表现的，可以不予追究。

3. 发现间谍行为时，应该怎么办

公民和组织发现间谍行为时，应当立即拨打举报电话：12339，也可以向公安机关等其他国家机关、组织报告。

国家安全是立国之本，是国家生存和发展的根本保障。没有安全，一切都无从谈起。每一个普通个体都是国家安全的直接受益者。同时，维护国家安全也需要普通民众的广泛参与。“国家兴亡，匹夫有责”，这不是一句空话，只有每个人都站在居安思危、安不忘危的高度，提高防范意识，提高鉴别能力，时时绷紧“保密弦”，处处拧紧“安全阀”，才能织就一张完备而有效的国家安全网络。

【思考题】

1. 什么是间谍罪?
2. 间谍行为包括哪些?
3. 境外间谍机构一般如何策反大学生?

第五节　校园贷

一、概述

校园贷,又称校园网贷,是指一些网络贷款平台向在校大学生开展的贷款业务。所谓贷款,简单来讲就是一种需要支付利息的借钱方式。网络贷款是借助互联网开展的贷款业务,足不出户便可完成贷款申请的各项步骤,如了解各类贷款的申请条件,准备申请材料,一直到递交贷款申请,发放贷款都可以在互联网上高效地完成。可见,网络贷款具有门槛低、手续简单、放贷快、利息高等特点。校园网贷特指面向在校大学生进行的网络贷款。

二、校园贷快速发展的原因

现实中出现如此多的校园贷现象,和大学生自身的消费特点及消费水平有极大的关系。

(一)大学生消费欲望强烈

随着社会经济的发展和人民生活水平的提高,目前人们的消费观念、消费结构和消费水平都有了很大变化。大学生作为社会中的特殊消费群体,他们的消费日益多样化、超前化、现代化。相当一部分大学生消费水平高,同学之间互相攀比,争相购买大量电子产品。而高校大学生的经济来源主要靠父母提供的生活费,多数维持在 800 ~ 1200 元/月,而手机、平板电脑、单反相机等贵重电子数码产品少则千元,多达万元。

（二）大学生不具有独立的经济能力

大学生虽然在年龄上已是成年人，但经济上不独立，同时又有很强的消费需求，比如对电子产品的需求，对旅游的需求。父母每月提供的日常费用肯定不足以满足其需求，而大部分同学又羞于向父母开口索要。网贷平台的出现正好补充了大学生特殊时期的资金缺口，迎合了大学生的消费需求。

（三）大学生思想较为单纯

大学生的思想较为单纯，判断是非的能力相对较弱，容易相信他人，很容易成为网络平台的营销对象。

（四）大学生还款有父母作保障

在大学生无法还款时，父母往往出于对孩子的保护会替孩子还款。网贷平台正是抓住了父母对子女的这一感情因素，愿意将贷款发放给大学生。

三、非法校园贷的表现

校园贷本应成为解决大学生学费、合理消费需求和创业需求的便捷平台，为何因校园贷而引发的恶性事件频发呢？这主要是因为校园贷被一些不法分子利用，成为牟利手段。

非法校园贷涉及以下违法行为。

（一）涉嫌实施发放高利贷的非法经营行为

按照《非法金融机构和非法金融业务活动取缔办法》的规定，未经中国人民银行依法批准，任何单位和个人不得擅自设立金融机构或者擅自从事金融业务活动。网络贷款平台属于从事金融业务活动的组织，应该获得中国人民银行的批准，获得相应牌照才能从事贷款活动。而从事校园贷的很多网络平台都没有经过资格审查，属非法经营。由于其游离于金融监管部门的监管之外，因此为了谋取高额利润变相从事发放高利贷的违法行为。

高利贷是指超过正常利息的贷款。目前最高人民法院发布的《关于审理民间借贷案件适用法律若干问题的规定》规定,受法律保护的最高贷款利息是年利率24%。不具备资质的“校园贷”借贷平台为了躲避监管巧立名目,将一部分利息包装成服务费、手续费、提现费、违约金等,企图通过障眼法来获取超过合法利润的行为,是不折不扣的高利贷。

*** 法条链接 ***

1.《非法金融机构和非法金融业务活动取缔办法》第二条规定:任何非法金融机构和非法金融业务活动,必须予以取缔。

2.《非法金融机构和非法金融业务活动取缔办法》第三条规定:本办法所称非法金融机构,是指未经中国人民银行批准,擅自设立从事或者主要从事吸收存款、发放贷款、办理结算、票据贴现、资金拆借、信托投资、金融租赁、融资担保、外汇买卖等金融业务活动的机构。

非法金融机构的筹备组织,视为非法金融机构。

3.《非法金融机构和非法金融业务活动取缔办法》第四条规定:本办法所称非法金融业务活动,是指未经中国人民银行批准,擅自从事的下列活动:

(一)非法吸收公众存款或者变相吸收公众存款;

(二)未经依法批准,以任何名义向社会不特定对象进行的非法集资;

(三)非法发放贷款、办理结算、票据贴现、资金拆借、信托投资、金融租赁、融资担保、外汇买卖;

(四)中国人民银行认定的其他非法金融业务活动。

前款所称非法吸收公众存款,是指未经中国人民银行批准,向社会不特定对象吸收资金,出具凭证,承诺在一定期限内还本付息的活动;所称变相吸收公众存款,是指未经中国人民银行批准,不以吸收公众存款的名义,向社会不特定对象吸收资金,但承诺履行的义务与吸收公众存款性质相同的活动。

4.《非法金融机构和非法金融业务活动取缔办法》第五条规定:未经中国人民银行依法批准,任何单位和个人不得擅自设立金融机构或者擅自从事金融业务活动。

对非法金融机构和非法金融业务活动,工商行政管理机关不予办理登记。

对非法金融机构和非法金融业务活动,金融机构不予开立账户、办理结算和提供贷款。

5.《非法金融机构和非法金融业务活动取缔办法》第六条规定:非

法金融机构和非法金融业务活动由中国人民银行予以取缔。

非法金融机构设立地或者非法金融业务活动发生地的地方人民政府，负责组织、协调、监督与取缔有关的工作。

6.《最高人民法院关于审理民间借贷案件适用法律若干问题的规定》第二十六条规定：出借人请求借款人按照合同约定利率支付利息的，人民法院应予支持，但是双方约定的利率超过合同成立时一年期贷款市场报价利率四倍的除外。

前款所称“一年期贷款市场报价利率”，是指中国人民银行授权全国银行间同业拆借中心自2019年8月20日起每月发布的一年期贷款市场报价利率。

（二）涉嫌实施侮辱、强迫卖淫、传播淫秽物品的违法行为

一些借贷平台为女大学生提供“裸条”贷款，其精心设计过程类似一个步步进逼的旋涡：女大学生急需用钱而试图通过借贷平台获得资金，平台出借人提出的放贷条件是女大学生以自身裸照及不雅视频作为“抵押物”。当女大学生难以偿还贷款本息时，平台出借人以公开售卖裸照及不雅视频相威胁，胁迫女大学生以性交易来偿还债务，多数女大学生由于不敢面对家人而不得不同意从事色情活动。需要说明的是，以裸照及不雅视频充当抵押物本身并不合法。根据民法典的规定，抵押物应当具有财产性质，是一种担保物。然而，裸照不是物权，其属于名誉权范畴，故以裸照作为抵押物不具备法律效力。

平台出借人以出售裸照或不雅视频相威胁，进而胁迫女大学生以“性交易”方式偿还借款的行为，涉嫌构成强迫卖淫罪。根据刑法第三百五十八条第二款规定，强迫卖淫罪是指以暴力、胁迫或者其他手段，迫使他人卖淫的行为。在此类“校园贷”案件中，平台出借人发放贷款时首先要求以裸照及不雅视频为抵押，其次以出售裸照及不雅视频相威胁，最后胁迫女大学生从事色情服务来偿还债务的行为，完全符合强迫卖淫罪的客观要件。

另外，如果女大学生未同意提供性交易而导致平台出借人售出其裸照及不雅视频，则平台出借人涉嫌构成传播淫秽物品罪。

*** 法条链接 ***

1. 民法典第三百九十五条规定：债务人或者第三人有权处分的下列

财产可以抵押：

（一）建筑物和其他土地附着物；

（二）建设用地使用权；

（三）海域使用权；

（四）生产设备、原材料、半成品、产品；

（五）正在建造的建筑物、船舶、航空器；

（六）交通运输工具；

（七）法律、行政法规未禁止抵押的其他财产。

抵押人可以将前款所列财产一并抵押。

2. 刑法第三百六十三条规定：以牟利为目的，制作、复制、出版、贩卖、传播淫秽物品的，处三年以下有期徒刑、拘役或者管制，并处罚金；情节严重的，处三年以上十年以下有期徒刑，并处罚金；情节特别严重的，处十年以上有期徒刑或者无期徒刑，并处罚金或者没收财产。

为他人提供书号，出版淫秽书刊的，处三年以下有期徒刑、拘役或者管制，并处或者单处罚金；明知他人用于出版淫秽书刊而提供书号的，依照前款的规定处罚。

3. 刑法第三百六十四条规定：传播淫秽的书刊、影片、音像、图片或者其他淫秽物品，情节严重的，处二年以下有期徒刑、拘役或者管制。

组织播放淫秽的电影、录像等音像制品的，处三年以下有期徒刑、拘役或者管制，并处罚金；情节严重的，处三年以上十年以下有期徒刑，并处罚金。

制作、复制淫秽的电影、录像等音像制品组织播放的，依照第二款的规定从重处罚。

向不满十八周岁的未成年人传播淫秽物品的，从重处罚。

（三）涉嫌“套路贷”的诈骗行为

“套路贷”是指违法行为人布下层层陷阱，一步步将被害人变成高额贷款“套中人”的诈骗手段。2019 年 4 月 9 日，两高两部发布了《关于办理“套路贷”刑事案件若干问题的意见》，明确了“套路贷”的司法定义。“套路贷”是指对以非法占有为目的，假借民间借贷之名，诱使或迫使被害人签订“借贷”或变相“借贷”“抵押”“担保”等相关协议，通过虚增借贷金额、恶意制造违约、肆意认定违约、毁匿还款证据等方式形成虚假债权债务，并借助诉讼、仲裁、公证或者采用暴力、威胁以及其他手段非法占有被害人财物的相关违法犯罪活动的概括性称谓。例如甲借款 10000 元，扣除服务费等费用后，到手的只有 6000 元，但本金仍是按 10000 元来算。到了还款日，借款人想还款，但对方制造一系列障碍，如无法取得联系，对不上账号等，让借款人无法还款，这时，对方认定借款人违约，又收取高额的违约金。出借方通过威胁、非法拘禁等方式强迫借款人还款，达到非法占有对方财物的目的。

（四）涉嫌侵犯财产权和人身权的不法行为

一些不法分子可能会通过非法校园贷向在校大学生实施侵犯财产权和人身权的不法行为。

四、校园贷的警示

大学生要形成正确的消费观，拒绝攀比性、炫耀性消费，要在自己经济实力可以承受的范围内合理消费。如果已卷入非法校园贷，要及时报警，寻求法律帮助。如需交学费、创业等合理需求要通过正规途径实施借贷行为，防止陷入非法校园贷圈套。同时，大学生在借贷过程中要讲诚信，不能实施恶意借贷行为。

随着社会征信系统的完善，个人信用行为将会越来越公开，个人信用与买房、买车、出国、办理信用卡，获取相关资格证以及报考公务员等息息相关。负面信用记录会存在 5 年，对于大学生而言，一旦形成污点，迈进社会后便会处处受阻。因此，作为在校大学生一定要警惕非法校园贷，远离非法校园贷！

【思考题】

1. 什么是校园贷？
2. 校园贷为什么可以得到如此快速的发展？
3. 非法校园贷涉嫌违反哪些法律规范？

第四章　创业求职篇

课前导语：

在大众创业、万众创新的大背景下，大学生创业正成为大学生就业的一种新常态。各级政府纷纷出台扶持和优惠政策，鼓励大学生创业，各地纷纷掀起了大学生创业的热潮，大学生创新创业已成为当下广受关注的问题，正规化、法制化是大学生创新创业的重要发展趋势。在创新创业过程中能够有效识别其中潜在的法律风险，并有行之有效的风险防范措施可以依托，是大学生创新创业活动获得成功的关键所在，同时也是帮助大学生规避犯罪的重要形式。然而大学生由于受到自身特征等方面的影响，使得其对相关法律风险缺乏深刻的认识，从而出现其合法权益受到相应损害等情况。所以，提升大学生对创新创业法律风险的识别并对其进行防范的能力是本章主要的内容。

第一节　大学生求职中的合同问题

大学生毕业后都会进入社会，踏上工作岗位。一份好的工作既是对大学四年辛苦努力的回馈，又是人生美好新征程的开始。

那么，求职会经过哪些环节呢？过程中又有哪些值得注意的法律问题？在与用人单位签订劳动合同时又该如何维护自己的合法权益呢？

一、求职过程中的录用通知书

进入大四，大学生会通过各种途径搜集招聘信息，投简历，经过用人单位的多环节考核——笔试、面试、复试等，过五关斩六将，最终取得用人单位的录用通知书，即 Offer。

录用通知书是用人单位决定录用应聘者并要求其在规定时间内做出答复的文件，一般载明工作的相关信息：入职日期、岗位职责、办公地点、待遇等。

那么，Offer对大学毕业生和用人单位是否具有法律约束力呢？

从法律上定性，录用通知书是用人单位发给应聘者确定已录用的“要约”。根据合同法的规定，“要约”就是希望和他人订立合同的意思，经受要约人承诺而形成合同。Offer通常要求应聘者在规定时间内做出明确答复，过期自动失效，也就是说在规定时间内对用人单位具有约束力，其不得单方撤销约定。如果因此给应聘者造成损失，用人单位应承担损害赔偿责任。但是，Offer对应聘者来说一般没有什么约束力，应聘者可以拒绝或者同意该要约。

优秀的毕业生会收到多个Offer，经过多方权衡后，其会选择其中自己最为中意的用人单位与之签订就业协议书。

二、求职过程中的就业协议书

就业协议书，俗称三方协议，是应届毕业生就业的一个特有现象，即由毕业生、用人单位和学校三方就大学生就业方向签订的一种协议，经三方共同签署后生效，对三方具有法律约束力。一份交回学校，一份交给用人单位，一份由毕业生本人保存作为办理报到、接转行政和户口关系的依据。

签订三方协议需要注意：三方协议中往往会约定违约金，违约金虽是对劳动者和用人单位双方的一个保障，但也是一把双刃剑。大学生在签订三方协议时应慎重考虑，尤其是对于那些违约金数额较高的协议。当遇到更好的工作机会时，毕业生毁约需要按照三方协议的约定向用人单位支付违约金。同时需要将原三方协议书上交给高校就业办，以换取新的协议书，也就是改派。

就业协议书的有效期是短暂的。当劳动者到用人单位报到，双方签署劳动合同后，三方协议自动失效。

三、求职过程中的劳动合同

（一）概述

劳动合同是指劳动者与用人单位之间确立劳动关系、明确双方权利和义务的协议。依法订立的劳动合同具有约束力，用人单位与劳动者应当履行劳动合同约定的义务。

在就业形势紧张、人力资源供大于求的时代背景下，用人单位在经济上确实处于强势地位，但是在法律上，毕业生和用人单位处于平等地位。劳动合同法明确规定：订立劳动合同，应当遵循合法、公平、平等自愿、协商一致、诚实信用的原则。所以毕业生在与用人单位协商过程中，不要胆怯，不要有顾虑，要多问多沟通，敢于维护自己的合法权益。比如，当用人单位要求毕业生提供保证金、扣押居民身份证和其他证件作为担保，或以其他名义收取财物时，毕业生有权明确拒绝，因为这种行为是违法的。

在确定是否签订劳动合同前，毕业生要主动向用人单位了解工作内容、工作条件、工作地点、职业危害、安全生产状况、劳动报酬等情况。用人单位有如实告知的义务。

*** 法条链接 ***

1. 劳动合同法第八条规定：用人单位招用劳动者时，应当如实告知劳动者工作内容、工作条件、工作地点、职业危害、安全生产状况、劳动报酬，以及劳动者要求了解的其他情况；用人单位有权了解劳动者与劳动合同直接相关的基本情况，劳动者应当如实说明。

2. 劳动合同法第九条规定：用人单位招用劳动者，不得扣押劳动者的居民身份证和其他证件，不得要求劳动者提供担保或者以其他名义向劳动者收取财物。

（二）劳动合同签订时的注意事项

1. 合同内容

一份有效的劳动合同包括：

（1）用人单位的名称、住所和法定代表人或者主要负责人；

（2）劳动者的姓名、住址和居民身份证或者其他有效身份证件号码；

（3）劳动合同期限；

（4）工作内容和工作地点；

（5）工作时间和休息休假；

（6）劳动报酬；

（7）社会保险；

（8）劳动保护、劳动条件和职业危害防护；

（9）法律、法规规定应当纳入劳动合同的其他事项。

劳动合同除前面列举的必备条款外,用人单位与劳动者可以约定试用期、培训、保守秘密、补充保险和福利待遇等其他事项。

合同中的条款涉及的内容越多,规定得越细,对劳动者越有益。

2. 合同形式

劳动合同,应当采取书面形式。劳动合同法规定:建立劳动关系,应当订立书面劳动合同。已建立劳动关系,未同时订立书面劳动合同的,应当自用工之日起一个月内订立书面劳动合同。否则就是违法。

现实中,存在未签订劳动合同的现象,劳动者与用人单位达成口头协议,形成事实劳动关系。为了规制这种违法行为,劳动合同法规定:用人单位自用工之日起满一年不与劳动者订立书面劳动合同的,视为用人单位与劳动者已订立无固定期限劳动合同。用人单位自用工之日起超过一个月不满一年未与劳动者订立书面劳动合同的,应当向劳动者每月支付两倍的工资。

如果劳动者和用人单位间存在事实劳动关系,却未签订书面劳动合同,如何证明劳动关系的存在呢?原劳动和社会保障部《关于确立劳动关系有关事项的通知》规定:用人单位未与劳动者签订劳动合同,认定双方存在劳动关系时可参照下列凭证:(一)工资支付凭证或记录(职工工资发放花名册)、缴纳各项社会保险费的记录;(二)用人单位向劳动者发放的"工作证""服务证"等能够证明身份的证件;(三)劳动者填写的用人单位招工招聘"登记表""报名表"等招用记录;(四)考勤记录;(五)其他劳动者的证言等。其中,(一)(三)(四)项的有关凭证由用人单位负举证责任。所以,未签订劳动合同的劳动者在日常工作中,要注意搜集相关证据,证明事实劳动关系的存在,以便能够维护自身权益。

3. 合同期限

劳动合同分为固定期限劳动合同、无固定期限劳动合同和以完成一定工作任务为期限的劳动合同。

固定期限劳动合同是指用人单位与劳动者约定合同终止时间的劳动合同。

无固定期限劳动合同是指用人单位与劳动者约定无确定终止时间的劳动合同。

以完成一定工作任务为期限的劳动合同,是指用人单位与劳动者约定以某项工作的完成为合同期限的劳动合同。

大学毕业生初次就业,不可能签订无固定期限劳动合同,一般只能签订1～5年的固定期限劳动合同。那么劳动合同期限是越短越好,还是越长越好？法律规定，劳动者要跳槽，只要提前三十日以书面形式通知用人单位，就可以解除劳动合同。而用人单位在合同有效期限内辞退劳动者是相对困难的。合同期限到期后，单位可能选择不再续签合同，使劳动者面临失业的风险。所以，合同期限越长，对劳动者来说越有利。

那么，签订了无固定期限劳动合同，是否意味着抱上了“铁饭碗”？当然不是，无固定期限劳动合同不是“铁饭碗”，并非不可解除，劳动者在与用人单位签订了无固定期限劳动合同后，同样应该尽职尽责为用人单位提供劳动，同时不得违反法律法规及企业规章制度等，否则有可能被无偿解除劳动合同，其解除与固定期限劳动合同没有多大区别，不管是劳动者还是用人单位，都可以依法解除。

4. 待遇

工资是劳动者最关心的要素之一。对于工资，需要在劳动合同中明确用人单位承诺支付的工资是税前工资还是税后工资。税后工资，也就是劳动者实际拿到的工资，是税前工资减去个人所得税和“五险一金”（五险：基本养老保险、基本医疗保险、失业保险、工伤保险、生育保险；一金：住房公积金）所剩下的金额。

5. 劳动合同的解除

劳动合同的解除，是指在劳动合同订立后、尚未履行完毕或者尚未全部履行以前，由于合同双方或者单方的法律行为导致双方当事人提前消灭劳动关系的法律行为。

劳动者解除劳动合同，有两种方式：一是协商解除，基于双方合意，依法使劳动权利义务关系归于消灭的情形。二是单方解除，劳动者提前三十日以书面形式通知用人单位，可以解除劳动合同。劳动者在试用期内提前三日通知用人单位，可以解除劳动合同。

可见，劳动者辞职不用理由，无须单位同意，只须提前通知单位，给单位接手工作必要的准备时间即可。在个别情况下，劳动者可能需要支付违约金，如用人单位为劳动者提供了专项培训费用对其进行了培训并约定了服务期，违约金数额不得高于劳动者承担的培训费用。

用人单位有下列情形之一的，劳动者可以立即解除劳动合同，用人单位须向劳动者支付经济补偿金：

（一）未按照劳动合同约定提供劳动保护或者劳动条件的；

（二）未及时足额支付劳动报酬的；

（三）未依法为劳动者缴纳社会保险费的；

（四）用人单位的规章制度违反法律、法规的规定，损害劳动者权益的；

（五）因以欺诈、胁迫的手段或者乘人之危，使对方在违背真实意思的情况下订立劳动合同致使劳动合同无效的；

（六）法律、行政法规规定劳动者可以解除劳动合同的其他情形。

用人单位以暴力、威胁或者非法限制人身自由的手段强迫劳动者劳动的，或者用人单位违章指挥、强令冒险作业危及劳动者人身安全的，劳动者可以立即解除劳动合同，不需事先告知用人单位。

*** 法条链接 ***

1. 劳动合同法第四十六条规定：有下列情形之一的，用人单位应当向劳动者支付经济补偿：

（一）劳动者依照本法第三十八条规定解除劳动合同的；

（二）用人单位依照本法第三十六条规定向劳动者提出解除劳动合同并与劳动者协商一致解除劳动合同的；

（三）用人单位依照本法第四十条规定解除劳动合同的；

（四）用人单位依照本法第四十一条第一款规定解除劳动合同的；

（五）除用人单位维持或者提高劳动合同约定条件续订劳动合同，劳动者不同意续订的情形外，依照本法第四十四条第一项规定终止固定期限劳动合同的；

（六）依照本法第四十四条第四项、第五项规定终止劳动合同的；

（七）法律、行政法规规定的其他情形。

2. 劳动合同法第五十条规定：用人单位应当在解除或者终止劳动合同时出具解除或者终止劳动合同的证明，并在十五日内为劳动者办理档案和社会保险关系转移手续。

劳动者应当按照双方约定，办理工作交接。用人单位依照本法有关规定应当向劳动者支付经济补偿的，在办结工作交接时支付。

用人单位对已经解除或者终止的劳动合同的文本，至少保存两年备查。

规范企业劳动关系的法律，有劳动法、劳动合同法、就业促进法、工伤保险条例、最低工资规定、社会保险，等等。大学生作为未来的求职就业者，需掌握就业相关法律，学会用法律武器维护自己的合法权益。

【思考题】

1. 大学生求职录取过程中,涉及哪些合同?
2. 什么是劳动合同?
3. 哪些情形下,劳动者可以解除劳动合同?

第二节　大学生就业歧视法律问题

大学生在求职过程中,由于体制、观念、市场机制等方面的原因,其权益受到侵犯的情形屡见不鲜。

一、就业歧视的概念

就业歧视是指劳动者在选择就业机会时,因种族、性别、年龄、地域、学校、学历、相貌等方面的不同而受到不平等待遇。

二、就业歧视的类型

(一)性别歧视

性别歧视是大学生就业中遇到的最多的问题,也是最令女大学生尴尬的问题。尽管法律中明确规定男女平等,但社会对女性的评价是没有男性能干。同时,由于女员工的特殊情况,比如女性生理特征、生育哺乳期带来的高劳动成本是用人单位歧视女大学生的主要原因。因此,有些用人单位对女性应聘者设置了更高的门槛。有的企业在招聘广告中明确提出,女性一旦被聘用,8 年甚至 10 年不得生育;有的私营企业在女职工孕期采取“变岗变薪”的方法侵害女职工的合法权益。一些单位甚至在招考职员或公务员时,在招考条件下注明限男性。在条件相当甚至更优秀的情况下,女性经常因为性别问题被用人单位拒之门外。

性别歧视严重侵犯了我国宪法规定的公民享有的基本权利——平等权。我国宪法规定:中华人民共和国妇女在政治的、经济的、文化的、社会的和家庭的生活各方面享有同男子平等的权利。国家保护妇女的权利和利益,实行男女同工同酬,培养和选拔妇女干部。可见,平等权是女性享有的宪法基本权利。

*** 法条链接 ***

1. 就业促进法第三条规定：劳动者依法享有平等就业和自主择业的权利。

劳动者就业，不因民族、种族、性别、宗教信仰等不同而受歧视。

2. 就业促进法第二十六条规定：用人单位招用人员、职业中介机构从事职业中介活动，应当向劳动者提供平等的就业机会和公平的就业条件，不得实施就业歧视。

3. 就业促进法第二十七条规定：国家保障妇女享有与男子平等的劳动权利。

用人单位招用人员，除国家规定的不适合妇女的工种或者岗位外，不得以性别为由拒绝录用妇女或者提高对妇女的录用标准。

用人单位录用女职工，不得在劳动合同中规定限制女职工结婚、生育的内容。

4. 就业促进法第六十二条规定：违反本法规定，实施就业歧视的，劳动者可以向人民法院提起诉讼。

（二）健康歧视

健康的身心是我们顺利完成工作的基本保证。但并不是只要身体有问题就不能参与任何工作。在健康歧视中以乙肝歧视和艾滋病歧视最为典型。

根据我国就业促进法、《全国病毒性肝炎防治方案》及《关于进一步规范入学和就业体检项目维护乙肝表面抗原携带者入学和就业权利的通知》等法律和规定，乙肝病毒携带者除不能献血及从事直接入口的食品和保育员工作外，可以正常工作，任何单位不得以其是传染病病原携带者为由拒绝录用。医学研究证明，乙肝病毒经血液、母婴及性接触三种途径传播，日常工作、学习或生活接触，如同一办公室工作（包括共用计算机等办公用品）、握手等无血液暴露的接触，不会传染乙肝病毒。另外根据《关于进一步规范入学和就业体检项目维护乙肝表面抗原携带者入学和就业权利的通知》的规定，用人单位在劳动者入职就业体检中，不得要求劳动者进行乙肝项目检测，不得要求提供乙肝项目检测报告，也不得询问是否为乙肝表面抗原携带者。用人单位违法进行检测的，不仅要面临行政处罚，给劳动者造成的损失，还要承担相应的赔偿责任。

*** 法条链接 ***

1. 就业促进法第三十条规定：用人单位招用人员，不得以是传染病病原携带者为由拒绝录用。但是，经医学鉴定传染病病原携带者在治愈前或者排除传染嫌疑前，不得从事法律、行政法规和国务院卫生行政部门规定禁止从事的易使传染病扩散的工作。

2. 传染病防治法第三条：本法规定的传染病分为甲类、乙类和丙类。

甲类传染病是指：鼠疫、霍乱。

乙类传染病是指：传染性非典型肺炎、艾滋病、病毒性肝炎、脊髓灰质炎、人感染高致病性禽流感、麻疹、流行性出血热、狂犬病、流行性乙型脑炎、登革热、炭疽、细菌性和阿米巴性痢疾、肺结核、伤寒和副伤寒、流行性脑脊髓膜炎、百日咳、白喉、新生儿破伤风、猩红热、布鲁氏菌病、淋病、梅毒、钩端螺旋体病、血吸虫病、疟疾。

丙类传染病是指：流行性感冒、流行性腮腺炎、风疹、急性出血性结膜炎、麻风病、流行性和地方性斑疹伤寒、黑热病、包虫病、丝虫病，除霍乱、细菌性和阿米巴性痢疾、伤寒和副伤寒以外的感染性腹泻病。

国务院卫生行政部门根据传染病暴发、流行情况和危害程度，可以决定增加、减少或者调整乙类、丙类传染病病种并予以公布。

3. 就业促进法第二十九条规定：国家保障残疾人的劳动权利。

各级人民政府应当对残疾人就业统筹规划，为残疾人创造就业条件。

用人单位招用人员，不得歧视残疾人。

（三）身高歧视

在招聘过程中有些用人单位对身高进行了限定，如有的用人单位规定男性不低于1.70米，女性不低于1.60米等。如果所从事的工作与身高要求并无直接联系，用人单位的这些限定即构成身高歧视。中国普遍的“嫌矮爱高”仅仅是认为身高欠佳人士形象不好，而非工作能力上的欠佳（特殊行业除外）。

（四）户籍歧视

户籍歧视主要包括：歧视农村户口，如有些农村劳动者在城市中就业遭受的不平等待遇；歧视外来人口，城市的企业招工往往限定“本市户口优先”,或者有的用人单位要求应聘者必须具有本地户口。这种做法违反了劳动者依法享有平等就业的权利。

*** 法条链接 ***

1. 就业促进法第二十条规定：国家实行城乡统筹的就业政策，建立健全城乡劳动者平等就业的制度，引导农业富余劳动力有序转移就业。

县级以上地方人民政府推进小城镇建设和加快县域经济发展，引导农业富余劳动力就地就近转移就业；在制定小城镇规划时，将本地区农业富余劳动力转移就业作为重要内容。

县级以上地方人民政府引导农业富余劳动力有序向城市异地转移就业；劳动力输出地和输入地人民政府应当互相配合，改善农村劳动者进城就业的环境和条件。

2. 就业促进法第三十一条规定：农村劳动者进城就业享有与城镇劳动者平等的劳动权利，不得对农村劳动者进城就业设置歧视性限制。

（五）年龄歧视

由于我国人口多且增长迅速，就业结构出现年轻化趋势。很多用人单位招聘时规定了近乎苛刻的年龄界限，给社会造成了沉重的负担。许多用人单位在招聘时将35岁作为一个界限，“35岁以下”屡见不鲜地出现在大量招聘广告的限制性条件中。求职者年龄在40岁、50岁上下的更是就业困难，形成了我国特有的“4050”现象。除此之外，许多单位变相迫使一定年龄的受雇者自动离职或者退休，这实际上剥夺了宪法赋予公民平等就业的权利。如所谓的“买断工龄”，用人单位给劳动者一定补偿后就与其解除劳动关系了。

（六）学历歧视

用人单位学历歧视现象同样十分突出，许多用人单位不顾客观需求片面追求高学历，“研究生以上”的招聘要求，在当今的人才招聘市场上不断出现。“高学低用”的情况不断发生，这不得不引起社会的反思。同时也存在另一个极端的现象是，有些用人单位不招高学历的，相反要求应聘者必须“本科以下”“大专以下”等。学历仅仅是证明个人能力的尺度之一，不代表绝对，更不是万能的。

(七)其他歧视

(1)相貌歧视。有些用人单位在挑选求职者时,优先录用相貌好的而不是成绩好的。许多女大学生为了找工作无心学习,而是忙于化妆打扮,甚至整容、拍摄十分暴露的写真集以"美化"简历。

(2)履历歧视。有的用人单位不组织考查应聘者实际水平如何,而是过分注重求职者的履历,比如明确提出有学生干部经历的优先录用等。

(3)工作经验歧视。有的用人单位拒绝招收应届毕业生,要求应聘者必须有工作经验。

(4)血型歧视。有的用人单位竟然对应聘者的血型提出要求,如必须为O型血或B型血,不能为AB型血或A型血等。

除了以上列举的种种"就业歧视"外,将来还可能会出现新的"就业歧视"形式。这些就业歧视现象与我国现阶段劳动力市场供求关系失衡、用人单位不理性的用人观念、地方保护主义、相关法律不健全等因素不无关系。

三、我国禁止就业歧视的法律规范

我国政府十分重视对劳动平等权的保护,制定了大量规范性的文件。我国现行法律体系中,针对就业歧视的法律规定主要由以下法律规范构成。

(一)宪法的规定

宪法是我国的根本大法,也是我国劳动法的立法依据和重要渊源,是对我国劳动者平等权利保护的最高位阶的法律。宪法规定:"中华人民共和国公民在法律面前一律平等。""中华人民共和国公民有劳动的权利和义务。国家通过各种途径,创造劳动就业条件,加强劳动保护,改善劳动条件,并在发展生产的基础上,提高劳动报酬和劳动待遇。国家对就业前的公民进行必要的劳动就业训练。""中华人民共和国妇女在政治、经济、文化、社会和家庭生活等各方面享有同男子平等的权利。国家保护妇女的权利和利益,实行男女同工同酬,培养和选拔女干部。""中华人民共和国各民族一律平等。国家保障各少数民族的合法权利和利益,维护和发展各民族的平等、团结、互助关系。禁止对任何民族的歧视和压迫。""中华人民共和国公民有宗教信仰自由。任何国家机关、社会团体和个人不得强制公民信仰宗教或者不信仰宗教,不得歧视信仰宗教的公民和不信仰宗教的公民。”宪法的上述规定包含了平等就业的含义，它为平等就业、禁止就业歧视，奠定了原则和精神基础。

（二）劳动法的规定

劳动法是中华人民共和国成立以来第一部全国统一的、综合性的劳动法律。其中涉及禁止就业歧视的法律条款主要有：第一条规定：“为了保护劳动者的合法权益，调整劳动关系，建立和维护适应社会主义市场经济的劳动制度，促进经济发展和社会进步，根据宪法，制定本法。”第十二条、第十三条分别规定：“劳动者就业，不因民族、种族、性别、宗教信仰不同而受歧视。”“妇女享有与男子平等的就业权利。在录用职工时，除国家规定不适合妇女的工种或岗位外，不得以性别为由拒绝录用妇女或者提高对妇女的录用标准。”这是关于禁止就业机会歧视的规定。

劳动法第四十六条明确规定：“工资分配应当遵循按劳分配原则，实行同工同酬。”第四十八条规定：“国家实行最低工资保障制度。最低工资的具体标准由省、自治区、直辖市人民政府规定，报国务院备案。用人单位支付劳动者的工资不得低于当地最低工资标准。”这是关于禁止就业待遇歧视的规定。

（三）其他法律的规定

我国妇女权益保障法也包含着平等工作权的规范。该法在第二十二条规定：“国家保障妇女享有与男子平等的劳动权利。”第二十三条规定：“各单位在录用职工时，除不适合妇女的工种或者岗位外，不得以性别为由拒绝录用妇女或者提高对妇女的录用标准。各单位在录用女职工时，应当依法与其签订劳动（聘用）合同或者服务协议，劳动（聘用）合同或者服务协议中不得规定限制女职工结婚、生育的内容。禁止录用未满十六周岁的女性未成年人，国家另有规定的除外。”

我国残疾人保障法规定了保障残疾人劳动的权利，在招用职工时不得歧视残疾人。该法第三十条规定：“国家保障残疾人劳动的权利。各级人民政府应当对残疾人劳动就业统筹规划，为残疾人创造劳动就业条件。”第三十八条规定：“国家保护残疾人福利性单位的财产所有权和经营自主权，其合法权益不受侵犯。在职工的招用、转正、晋级、职称评定、劳动报酬、生活福利、休息休假、社会保险等方面，不得歧视残疾人。”

我国就业促进法专章规定了保障公民平等的就业权。该法第二十五条规定：“各级人民政府创造公平就业的环境，消除就业歧视，制定政策并采取措施对就业困难人员给予扶持和援助。”第二十六条规定：“用人单位招用人员、职业中介机构从事职业中介活动，应当向劳动者提供平等的就业机会和公平的就业条件，不得实施就业歧视。”第二十七条到第三十一条依次是保障妇女、少数民族、残疾人、传染病病原携带者、农村劳动者平等的劳动权利，不得对他们就业歧视。

（四）其他规定

《就业服务与就业管理规定》第四条规定：“劳动者依法享有平等就业的权利。劳动者就业，不因民族、种族、性别、宗教信仰等不同而受歧视。”第五条规定：“农村劳动者进城就业享有与城镇劳动者平等的就业权利，不得对农村劳动者进城就业设置歧视性限制。”

此外，《关于贯彻执行〈中华人民共和国劳动法〉若干问题的意见》《企业经济性裁减人员规定》《违反和解除劳动合同的经济补偿办法》《违反〈劳动法〉有关劳动合同规定的赔偿办法》《工资支付暂行规定》《违反〈中华人民共和国劳动法〉行政处罚办法》等一系列与劳动法相配套的劳动法规章，使劳动法的各项制度更加具体化和规范化，为有效地禁止、杜绝就业歧视行为和真正实现就业平等提供了法律武器。

（五）我国批准的国际条约

我国批准了20余个国际劳工公约，平等就业权是国际劳工公约的核心内容之一。其中《经济、社会和文化权利国际公约》第六条和第七条规定了工作权。第六条第一款规定：“本公约缔约国确认人人有工作的权利，包括人人应有机会凭本人自由选择或接受工作谋生的权利，并将采取适当步骤予以保障。”第七条规定：“本公约缔约国确认人人有权享受公平与良好的工作条件的权利。”

《就业政策公约》第一条规定：各会员国应宣布并实行一项积极政策，目的在于促进充分的、自由选择的生产性就业。上述政策应以保证实现下列各项要求的实现为目的：①向一切有能力工作并寻找工作的人提供工作；②此种工作应尽可能是生产性的；③每个工人不论其种族、肤色、性别、宗教信仰、政治见解、民族血统或社会出身如何，都有选择职业的自由，并有获得必要技能和使用其技能与天赋的最大可能的机会，取得一项对其很合适的工作。

2005年8月，我国全国人大常委会审议批准了国际劳工组织核心公约之一的《就业及职业歧视公约》（111号公约）。该公约的宗旨是：各会员国应当承诺宣布和遵守一项旨在以符合国家条件和惯例的方法促进就业与职业机会均等、待遇均等的国家政策，以消除就业和职业歧视。消除就业歧视，建立统一的劳动力市场是我国加入世界贸易组织、融入经济全球化的必然的选择。我国批准和实施 111 号公约，展现了我国进一步融入国际社会的姿态。

政府的责任在于为社会成员创造一个人人平等的就业环境，拓宽就业和再就业渠道，制定一系列的就业法律、法规和政策，把实现充分就业作为政府的长期就业政策目标。这对于培育和提升我国公民的权利意识和平等观念意义重大。

纵观我国现行的关于禁止就业歧视的法律规范，平等就业、禁止就业歧视，是我国宪法、劳动立法确立的一项劳动就业的基本原则，贯穿于劳动就业的整个过程，包括录用、聘用、转正、晋级、职称评定、劳动报酬、生活福利、劳动保险等各方面。目前纳入国家法律就业歧视禁止范围的主要是：性别歧视；民族、种族歧视；宗教信仰歧视；残疾的疾患歧视。

就业歧视剥夺了劳动者公平就业机会，违反了法律面前人人平等原则。大学生在未来就业时，一旦遭遇就业歧视，要学会拿起法律武器维护自身的合法权益。

【思考题】

1. 什么是就业歧视？
2. 就业歧视有哪些类型？
3. 我国禁止就业歧视的法律规范有哪些？

第三节　大学生创业扶持政策

大学生创业正成为大学生就业的一种新常态。各级政府纷纷出台扶持优惠政策，鼓励大学生创业，掀起了大学生创业的热潮。

一、大学生创业蓬勃发展原因探究

（一）时代背景

我国大学生创业教育起步相对西方国家较晚，教育部于 1999 年出台的《面向21世纪教育振兴行动计划》中提出的“加强对教师及学生的创业教育”,标志着我国大学生创业政策的首次提出。随后,国家各部委越发对促进大学生创业予以重视,先后出台相关政策文件。

党的十七大报告中明确了“促进以创业带动就业”的思想,在党的十八大报告中再次强调做好以高校毕业生为重点的青年就业工作。党的十八届三中全会《中共中央关于全面深化改革若干重大问题的决定》指出,要“完善扶持创业的优惠政策,形成政府激励创业、社会支持创业、劳动者勇于创业新机制”。中央政府还提出了“万众创新、大众创业”的“双创”引领口号,密集出台了一批扶持大学生自主创业的新政策。

党的十九大报告中提出要“提供全方位公共就业服务,促进高校毕业生等青年群体、农民工多渠道就业创业”。党的十九届四中全会指出:“建立促进创业带动就业、多渠道灵活就业机制,对就业困难人员实行托底帮扶。坚决防止和纠正就业歧视,营造公平就业制度环境。健全劳动关系协调机制,构建和谐劳动关系,促进广大劳动者实现体面劳动、全面发展。”

同时,各级政府部门根据国家相关精神,出台了相应的鼓励大学生创业的政策。

(二)当代大学生的时代特质

改革开放以来,人们的生活水平大幅度提高,“读万卷书,行万里路”,已经轻而易举,智能手机、手提电脑,开阔了大学生的视野,刺激了他们的欲望,这是社会不断发展所导致的必然结果。当代大学生有较强的求异求新意识和活跃的思维方式,喜于用成年人的思维方式去思考问题,他们追求新潮流,喜欢新事物、新挑战,喜欢对事物有不同的看法、表达,他们不拘于传统的思维方式,乐观、自信、勇敢、独立、阳光、单纯、观点犀利、思想严谨、有责任心、喜欢独特的行为方式。但他们缺乏毅力、持之以恒的精神,号召和鼓励创业有利于激发大学生的创造热情和创造力。

(三)经济社会增长的动力源泉

创业需要创新精神和创新能力。大学生创业对于推进创新型国家建设、促进经济转型发展、促进毕业生就业和社会和谐、提升大学生自我价值发展等都有着重要的意义。大学生创业为经济社会的发展提供了源源不断的动力。

（四）严峻的就业形势

2019年6月，麦可思研究院对15.2万名2018届大学生毕业半年后培养质量进行了跟踪评价，发布了《2019年中国大学生就业报告》（就业蓝皮书）。

2018届本科毕业生就业率（91.0%）持续缓慢下降，较2014届（92.6%）下降1.6个百分点。可见，毕业生就业压力大。

二、创业政策介绍

创业扶持政策是大学生创业的重要支持力量，各地政府出台了一系列大学生创业扶持政策，旨在帮助大学生顺利创业，实现自我价值。

（一）中央和省政府近年来出台的关于促进创业的政策文件

对近年来我国各级政府出台的大学生创业政策进行梳理和分析，有利于提升大学生创业政策的实效性，从而提升大学生创业成功率并带动就业。

关于促进创业的政策文件如下。

（1）《国务院关于做好当前和今后一段时期就业创业工作的意见》（国发〔2017〕28号）。

（2）《国务院关于大力推进大众创业万众创新若干政策措施的意见》（国发〔2015〕32号）。

（3）《关于做好当前形势下高校毕业生就业创业工作的实施意见》（晋人社厅发〔2019〕49号）。

（4）《关于深入实施"中国青年创业行动"促进青年就业工作的意见》（中青联发〔2004〕13号）。

（5）《关于进一步加强创业培训推进创业促就业工作的通知》（劳社部发〔2007〕30号）。

（6）《关于实施大学生"创业引领计划"的通知》（人社部发〔2010〕31号）。

（7）教育部每年发布的《关于做好普通高等学校毕业生就业工作的通知》。

可见，一个鼓励创业、保护创业的良好的法制环境正在逐步完善之中，推动着我国创业活动的蓬勃发展。

（二）创业政策梳理

1. 创业融资扶持

为了帮助大学生解决创业资金问题，政府出台相关政策为大学生提供新的融资渠道，协助大学生顺利创业。政府为大学生提供的创业融资扶持有专项资金支持、创业担保贷款等。

（1）专项资金支持。很多地方政府会设立专门的基金来支持大学生创业，最早设立创业基金的是上海，上海于 2005 年设立大学生科技政府基金。政府基金是各级政府通过财政拨款设立的专项扶持资金，一般用于扶持科技型企业、中小企业和创业企业的发展等。创业者通过及时了解政府扶持政策的信息，选择政府扶持项目作为创业方向，按照规定程序申报，就有可能获得政府基金的资助。

（2）创业担保贷款。根据《国务院关于做好当前和今后一个时期促进就业工作的若干意见》（国发〔2018〕39 号），符合创业担保贷款申请条件的人员自主创业的，可申请最高不超过 15 万元的创业担保贷款。小微企业当年新招用符合创业担保贷款申请条件的人员数量达到企业现有在职职工人数 25%（超过 100 人的企业达到 15%）并与其签订 1 年以上劳动合同的，可申请最高不超过 300 万元的创业担保贷款。

2. 创业税费扶持

公司经营过程中缴纳的各种税费对大学生来说是不小的经济负担，除国家层面出台的大学生创业税费减免政策外，各地政府也出台了相关规定，以减轻大学生的经济压力。

3. 创业开办扶持

（1）市场准入政策。市场准入方面，政府对大学生创业的注册资金、经营场所等放宽了标准，使更多的大学生获得创业机会。例如，上海、北京、深圳、杭州等地出台了注册资本“零首付”政策，允许大学生投资注册公司时可“零首付”，注册资本在一定期限内分期支付即可。经营场所方面，山东对大学生创业经营场所的限制有所放宽，并不严格限制其经营场所的选择。另外，成都对大学生创业时营业执照的办理、期限等都放宽了限制，为大学生提供了便利和支持。

（2）创业基地的建设。利用大学科技园、科技企业孵化器、高新技术开发区、经济技术开发区、工业园、农业产业园、城市配套商业设施、闲置厂房等现有资源，建设大学生创业园、留学人员创业园和创业孵化基地，为创业大学生提供创业经营场所，按规定给予经营场所租金补贴。

（3）简化手续。政府为大学生创业提供工商登记和银行开户便利。进一步完善工商登记“绿色通道”，简化登记手续，优化业务流程，为创业大学生办理营业执照提供便利。

4. 创业能力扶持

创业知识和技能的掌握直接影响大学生创业的成功率，国家和各地政府都非常重视对大学生创业的指导，希望将先进的创业思想、理念和技术传递给大学生，为大学生创业提供助力。为此，国家和各地方政府出台了一系列相关政策措施，对大学生进行创业知识的传授、基本的创业技能训练和培训，鼓励大学生自主创业。例如，辽宁实施了“万名大学生创业培训计划”，对进行创业培训的机构和大学生有一定的补贴和扶持；福建开展的“十百千万”创业助力计划、天津制定的大学生创业实训制度等，对成千上万的创业大学生进行了技能和项目培训，并且在培训完成后，为大学生提供一定的创业补贴和奖励，以帮助他们更好地创业。

同时，国家和政府开展一系列创新创业的实践类竞赛（如“挑战杯”中国大学生创业计划竞赛、CCTV“赢在中国”大赛、“互联网+”大学生创新创业大赛、“青年红色筑梦之旅”活动等），着力培养大学生的创新意识、实践能力和奋斗精神，提升大学生创业能力。

国家和政府还为大学生创业见习提供补贴。根据《国务院关于做好当前和今后一个时期促进就业工作的若干意见》（国发〔2018〕39号），要求扩大就业见习补贴范围。从2019年1月1日起，实施三年百万青年见习计划；将就业见习补贴范围由离校未就业高校毕业生扩展至16～24岁失业青年；组织失业青年参加3～12个月的就业见习，按规定给予就业见习补贴，并适当提高补贴标准。

5. 创业服务平台的搭建

大学生创业园是政府或高等学校为鼓励大学生创业，专门为大学生创业提供指导和综合服务的机构。

创业服务平台不仅可以为大学生创业提供各种服务，还可以使创业大学生之间实现资源共享，有效促进大学生创业的开展，因此各地政府都非常重视创业服务平台的搭建。一是各种创业服务中心，如地方政府的大学生创业服务中心、政府牵头的各种公益服务机构和组织、各地民间公益团体等，他们为大学生提供法律、商务、金融、管理、外贸、科技等方面的咨询和协助服务；二是信息化平台的建设，除教育部建设的“全国大学生创业服务网”之外,地方政府也都建立了各自的创业服务网站,为大学生提供创业政策、融资、场地、服务等方面的信息,扶持大学生更好地创业。

【思考题】

1. 探究大学生创业蓬勃发展的原因。
2. 国家和政府对大学生创业的哪些方面提供扶持?
3. 近年来,中央和省政府出台了哪些促进创业的政策文件?

第四节 创业形式选择的法律风险

大学生创业正成为大学生就业的一种新常态。各级政府纷纷出台扶持和优惠政策,鼓励大学生创业。选择自主创业的大学生数量日渐增多,但创业成功率却始终得不到显著的提升。通过分析可以发现,在创业过程中大学生本身并不具备充足的法律风险防范意识,加之自身市场经验缺乏、管理技能不成熟等,可能会面临诉讼缠身、企业破产的困境。大学生创新创业是一个较为复杂的过程,必须在有相应法律支持的前提下才可以实现稳定运转,且市场环境下人人平等,并不会考虑大学生身份的特殊性就给予特殊优待。任何市场经济下的企业,也都面临着来自市场、政策和法律方面的风险,而想要有效规避因风险给企业带来的困境,就必须强化对创业过程中的风险识别与防范。其中针对法律风险的识别与防范更为重要。这是因为法律风险可能会使企业陷入复杂的法律纠纷中,甚至还会因严重的法律纠纷使企业面临撤销或破产的威胁。所以大学生无论是在创业前期还是创业过程中,都应加强对创业相关的法律知识的学习,提升自身的法律风险识别能力和防范能力,规避创业过程中的各类法律风险,这对保障创业成功具有极为重要的意义。

一、创业组织形式

创业组织形式,是指创业者从事生产经营活动的形式。根据工商主体法定原则,创业者只能设立符合法律规定的组织形式。

根据法律规定,创业者可设立四种基本的法律形式:个体工商户、个人独资企业、合伙企业和公司。

个体工商户，是指有经营能力并依照《个体工商户条例》的规定经工商行政管理部门登记，从事工商业经营的公民。街边有经营场所的小吃店等大部分属于个体工商户。

个人独资企业，是指由一个自然人投资，财产为投资人个人所有，投资人以其个人财产对企业债务承担无限责任的经营实体。

合伙企业，包括普通合伙企业和有限合伙企业。普通合伙企业由普通合伙人组成。有限合伙企业由普通合伙人和有限合伙人组成。律师事务所、会计师事务所是特殊的合伙企业。

公司，在我国包括有限责任公司和股份有限公司。

*** 法条链接 ***

1.《个体工商户条例》第二条规定：有经营能力的公民，依照本条例规定经工商行政管理部门登记，从事工商业经营的，为个体工商户。

个体工商户可以个人经营，也可以家庭经营。

个体工商户的合法权益受法律保护，任何单位和个人不得侵害。

2. 个人独资企业法第二条规定：本法所称个人独资企业，是指依照本法在中国境内设立，由一个自然人投资，财产为投资人个人所有，投资人以其个人财产对企业债务承担无限责任的经营实体。

3. 合伙企业法第二条规定：本法所称合伙企业，是指自然人、法人和其他组织依照本法在中国境内设立的普通合伙企业和有限合伙企业。

普通合伙企业由普通合伙人组成，合伙人对合伙企业债务承担无限连带责任。本法对普通合伙人承担责任的形式有特别规定的，从其规定。

有限合伙企业由普通合伙人和有限合伙人组成，普通合伙人对合伙企业债务承担无限连带责任，有限合伙人以其认缴的出资额为限对合伙企业债务承担责任。

二、选择组织形式考虑的因素

不同组织形式的法律地位、法律性质各不相同，因此创业者的责、权、利也不同。大学生创业选择组织形式时应当考虑下述因素。

(一)创业者的法律责任

创业的经营风险是客观存在的,组织形式对外背负债务乃至发生亏损在所难免。创业时,创业者应考虑的重要因素便是创业者的法律责任。如:第一,创业者是否直接对组织形式的债务承担责任?换言之,创业者能否以债务仅仅是企业的债务,而非个人的债务为由,拒绝为企业的债务买单?第二,创业者对企业的债务承担的是有限责任还是无限责任?也就是说,创业者承担责任是否有一定的限度?在赔付了一定的财产后,即可以不再为之买单?第三,创业者是否承担连带责任?在选择与他人合办企业下,创业者是仅对自己的债务买单,还是需要对其他合作者的债务对外承担责任?

创业者选择了不同的组织形式,便意味着选择了不同的法律责任。如图 4–1 所示。

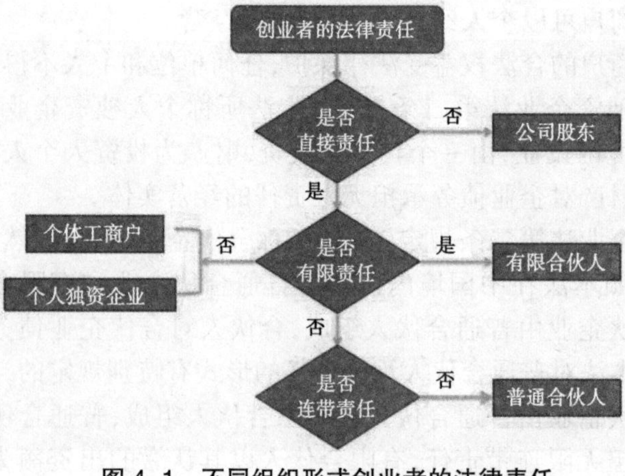

图 4–1　不同组织形式创业者的法律责任

公司股东仅以其认缴的出资额或认购的股份为限对公司承担责任,因此我们常说股东受到有限责任的保护,这是因为公司是企业法人,有法律人格,有独立的法人财产,公司以其全部财产对公司的债务承担责任。

而在合伙企业中,普通合伙人对合伙企业的债务承担无限连带责任。有限合伙人以其认缴的出资额为限对合伙企业债务承担责任。

个人独资企业投资人,个体工商户以其个人或家庭共有财产直接对其投资的企业债务承担无限责任。

因此,创业项目如果风险较大,建议选择仅承担有限责任的创业形式——公司。如果是创业风险较小的项目,可以选择承担无限责任的创业形式。

*** 法条链接 ***

1. 个人独资企业法第三十一条规定：个人独资企业财产不足以清偿债务的，投资人应当以其个人的其他财产予以清偿。

2. 合伙企业法第三十八条规定：合伙企业对其债务，应先以其全部财产进行清偿。

3. 合伙企业法第三十九条规定：合伙企业不能清偿到期债务的，合伙人承担无限连带责任。

4. 合伙企业法第四十条规定：合伙人由于承担无限连带责任，清偿数额超过本法第三十三条第一款规定的其亏损分担比例的，有权向其他合伙人追偿。

5. 公司法第三条规定：公司是企业法人，有独立的法人财产，享有法人财产权。公司以其全部财产对公司的债务承担责任。

有限责任公司的股东以其认缴的出资额为限对公司承担责任；股份有限公司的股东以其认购的股份为限对公司承担责任。

6. 公司法第二十条规定：公司股东应当遵守法律、行政法规和公司章程，依法行使股东权利，不得滥用股东权利损害公司或者其他股东的利益；不得滥用公司法人独立地位和股东有限责任损害公司债权人的利益。

公司股东滥用股东权利给公司或者其他股东造成损失的，应当依法承担赔偿责任。

公司股东滥用公司法人独立地位和股东有限责任，逃避债务，严重损害公司债权人利益的，应当对公司债务承担连带责任。

（二）设定条件

组织形式的设立，通常要具备法定的条件（主体资格、主体数量、资本总额、出资方式和出资期限等），并到市场监管机关办理相应的工商注册登记。设立程序是简单还是复杂，设立的费用是高还是低，都是创业者应考虑的内容。

接下来依次梳理下各种组织形式的设定条件。如表 4-1、表 4-2、表 4-3 所示。

表 4-1　个体工商户、个人独资企业、一人有限责任公司设立的主要条件

序号	条件
1	投资人数为 1 个。个体工商户、个人独资企业的投资人为自然人，一人有限责任公司的股东可以为自然人或者法人
2	有合法的企业名称（个体工商户可以不取名称）
3	依法出资
4	有固定的生产经营场所和必要的生产经营条件
5	一人有限责任公司必须制定公司章程
6	必要的从业人员

*** 法条链接 ***

1.《个体工商户条例》第八条规定：申请登记为个体工商户，应当向经营场所所在地登记机关申请注册登记。申请人应当提交登记申请书、身份证明和经营场所证明。

个体工商户登记事项包括经营者姓名和住所、组成形式、经营范围、经营场所。个体工商户使用名称的，名称作为登记事项。

2. 个人独资企业法第八条规定：设立个人独资企业应当具备下列条件：

（一）投资人为一个自然人；

（二）有合法的企业名称；

（三）有投资人申报的出资；

（四）有固定的生产经营场所和必要的生产经营条件；

（五）有必要的从业人员。

3. 公司法第十一条规定：设立公司必须依法制定公司章程。公司章程对公司、股东、董事、监事、高级管理人员具有约束力。

表 4-2　合伙企业设立的主要条件

序号	条件
1	有两个以上合伙人。合伙人为自然人的，应具有完全民事行为能力
2	有书面合伙协议
3	有合伙人认缴或者实际缴纳的出资（可以以劳务、技能、信誉等作价进行出资）
4	有合伙企业的名称和生产经营场所
5	法律、行政法规规定的其他条件

*** 法条链接 ***

1. 合伙企业法第四条规定：合伙协议依法由全体合伙人协商一致、以书面形式订立。

2. 合伙企业法第九条规定：申请设立合伙企业，应当向企业登记机关提交登记申请书、合伙协议书、合伙人身份证明等文件。

合伙企业的经营范围中有属于法律、行政法规规定在登记前须经批准的项目的，该项经营业务应当依法经过批准，并在登记时提交批准文件。

3. 合伙企业法第十四条规定：设立合伙企业，应当具备下列条件：

（一）有两个以上合伙人。合伙人为自然人的，应当具有完全民事行为能力；

（二）有书面合伙协议；

（三）有合伙人认缴或者实际缴付的出资；

（四）有合伙企业的名称和生产经营场所；

（五）法律、行政法规规定的其他条件。

4. 合伙企业法第十六条规定：合伙人可以用货币、实物、知识产权、土地使用权或者其他财产权利出资，也可以用劳务出资。

合伙人以实物、知识产权、土地使用权或者其他财产权出资，需要评估作价的，可以由全体合伙人协商确定，也可以由全体合伙人委托法定评估机构评估。

合伙人以劳务出资的，其评估办法由全体合伙人协商确定，并在合伙协议中载明。

表 4-3　有限责任公司设立的主要条件

序号	条件
1	股东符合法定人数（2 ~ 50 人）
2	股东出资的约定和评估（不能以劳务、信用形式出资）
3	股东共同制定公司章程
4	有公司名称，建立符合有限责任公司要求的组织机构
5	有公司住所

*** 法条链接 ***

1. 公司法第二十三条规定：设立有限责任公司，应当具备下列条件：

（一）股东符合法定人数；

（二）有符合公司章程规定的全体股东认缴的出资额；

（三）股东共同制定公司章程；

（四）有公司名称，建立符合有限责任公司要求的组织机构；

（五）有公司住所。

2. 公司法第二十四条规定：有限责任公司由五十个以下股东出资设立。

3. 公司法第二十七条规定：股东可以用货币出资，也可以用实物、知识产权、土地使用权等可以用货币估价并可以依法转让的非货币财产作价出资；但是，法律、行政法规规定不得作为出资的财产除外。

对作为出资的非货币财产应当评估作价，核实财产，不得高估或者低估作价。法律、行政法规对评估作价有规定的，从其规定。

综上所述，个人独资企业、个体工商户的设立条件最为宽松，设立程序最简单，设立费用最低廉。公司的设立条件最为复杂，费用最高。

（三）税务负担

创业的目的就是盈利，而组织形式和创业者承担税负的轻重则直接决定其可获盈利的多少。

企业的税收负担主要是依其法律人格确定的。个人独资企业、合伙企业不具有独立的法律人格，这两类企业不是独立的纳税主体，不必缴纳企业所得税。创业者仅就其从企业的盈余分配所得缴纳个人所得税。

公司是企业法人，具有独立的法律人格，是独立的纳税主体，公司应以其经营所得缴纳企业所得税。公司自然人股东从公司取得税后利润的分配时，依法还要缴纳个人所得税。由此可见，投资者在公司企业中的经营收入实际上缴纳了两次所得税。同样的经营业绩，由于税收不同，公司股东的收益率不如个人独资企业主和合伙人的收益高。

*** 法条链接 ***

1.《个体工商户条例》第十七条规定：个体工商户在领取营业执照后，应当依法办理税务登记。

个体工商户税务登记内容发生变化的,应当依法办理变更或者注销税务登记。

2. 个人独资企业法第四条规定:个人独资企业从事经营活动必须遵守法律、行政法规,遵守诚实信用原则,不得损害社会公共利益。

个人独资企业应当依法履行纳税义务。

3. 合伙企业法第六条规定:合伙企业的生产经营所得和其他所得,按照国家有关税收规定,由合伙人分别缴纳所得税。

4. 合伙企业法第三十三条规定:合伙企业的利润分配、亏损分担,按照合伙协议的约定办理;合伙协议未约定或者约定不明确的,由合伙人协商决定;协商不成的,由合伙人按照实缴出资比例分配、分担;无法确定出资比例的,由合伙人平均分配、分担。

合伙协议不得约定将全部利润分配给部分合伙人或者由部分合伙人承担全部亏损。

(四)对企业的控制能力

一毕业就走上创业道路的大学生,大部分都是有想法,希望将想法付诸实践的人,所以,创业者的话语权,也就是对企业事务的控制和管理权,同样是创办企业时必不可少的考量因素。

选择单干,如成立个人独资企业、个体工商户、一人有限责任公司,自然掌握企业全部的话语权,对企业进行绝对控制。而选择与他人合作,成立合伙企业、公司,发挥团队的优势,将分散的人、资本、技术联合起来,使之优势互补,但面临话语权减少的问题。

合伙人的出资财产比例可能不尽相同,但是,除合伙协议另有约定外,全体普通合伙人对执行合同事务享有同等的权利,有限合伙人不得执行合伙事务。关于合伙事务的决议,一般合伙事务实行合伙人简单多数决议;重要的合伙事务必须由全体合伙人一致通过。

公司股东一般是通过公司的组织机构对公司的生产、经营、管理和决策施加影响的,但通常并不负责公司的日常事务处理,甚至无权干预公司事务,股东在公司的话语权很大程度上取决于其在公司出资或股份中所占比例。

*** 法条链接 ***

1. 合伙企业法第二十六条规定:合伙人对执行合伙事务享有同等的权利。

按照合伙协议的约定或者经全体合伙人决定，可以委托一个或者数个合伙人对外代表合伙企业，执行合伙事务。

作为合伙人的法人、其他组织执行合伙事务的，由其委派的代表执行。

2. 合伙企业法第二十七条规定：依照本法第二十六条第二款规定委托一个或者数个合伙人执行合伙事务的，其他合伙人不再执行合伙事务。

不执行合伙事务的合伙人有权监督执行事务合伙人执行合伙事务的情况。

3. 合伙企业法第三十一条规定：除合伙协议另有约定外，合伙企业的下列事项应当经全体合伙人一致同意：

（一）改变合伙企业的名称；

（二）改变合伙企业的经营范围、主要经营场所的地点；

（三）处分合伙企业的不动产；

（四）转让或者处分合伙企业的知识产权和其他财产权利；

（五）以合伙企业名义为他人提供担保；

（六）聘任合伙人以外的人担任合伙企业的经营管理人员。

4. 合伙企业法第六十八条规定：有限合伙人不执行合伙事务，不得对外代表有限合伙企业。

5. 公司法第三十三条规定：股东有权查阅、复制公司章程、股东会会议记录、董事会会议决议、监事会会议决议和财务会计报告。

股东可以要求查阅公司会计账簿。股东要求查阅公司会计账簿的，应当向公司提出书面请求，说明目的。公司有合理根据认为股东查阅会计账簿有不正当目的，可能损害公司合法利益的，可以拒绝提供查阅，并应当自股东提出书面请求之日起十五日内书面答复股东并说明理由。公司拒绝提供查阅的，股东可以请求人民法院要求公司提供查阅。

6. 公司法第三十七条规定：股东会行使下列职权：

（一）决定公司的经营方针和投资计划；

（二）选举和更换非由职工代表担任的董事、监事，决定有关董事、监事的报酬事项；

（三）审议批准董事会的报告；

（四）审议批准监事会或者监事的报告；

（五）审议批准公司的年度财务预算方案、决算方案；

（六）审议批准公司的利润分配方案和弥补亏损方案；

（七）对公司增加或者减少注册资本作出决议；

（八）对发行公司债券作出决议；

（九）对公司合并、分立、解散、清算或者变更公司形式作出决议；

（十）修改公司章程；

（十一）公司章程规定的其他职权。

对前款所列事项股东以书面形式一致表示同意的，可以不召开股东会议，直接作出决定，并由全体股东在决定文件上签名、盖章。

三、各种法律组织形式的优缺点

各种法律组织形成的优缺点如表4–4、表4–5、表4–6、表4–7所示。

表4–4　个体工商户、个人独资企业的优缺点

优点	缺点
1. 财产关系简单，企业的财产即为创业者自己的财产 2. 创业者拥有完全的经营自主权 3. 保密性好，有利于企业商业秘密的保护，从而增强竞争力 4. 所需资金少，容易设立，优惠政策多，成本较小	1. 抗风险性差，整个企业系于创业者一身，创业者责任特别重大。一旦创业者决策失误、经营失败、企业资不抵债，创业者需对企业承担无限责任制，可能导致创业者个人倾家荡产 2. 发展性差。由于资金少、规模小、企业信用等级较低，很难吸引资金、人才和技术，难以发展壮大

一人有限责任公司是一种比较新的企业形式，在2006年公司法修改之后方允许设立。

表4–5　一人有限责任公司的优缺点

优点	缺点
一人有限责任公司几乎拥有个体工商户、个人独资企业所有的优点，而且它还具有一项“独门绝技”：一人有限责任公司的股东只须对公司承担有限责任，大大降低了创业风险	每年都要编制财务会计报告，并经会计事务所审计；股东还有一个义务是必须证明公司财产独立于自己的个人财产，否则不再受有限责任的保护，要对公司债务承担连带责任

有限责任公司是一种非常规范的现代企业组织形式，具有诸多优势，随着注册资本最低限额的降低，设立有限责任公司的门槛大大降低，越来越多的创业者青睐这种企业形式。

表4–6　有限责任公司的优缺点

优点	缺点
1. 抗风险性较强，一方面，公司财产与股东财产相互独立，公司股东仅承担有限责任，股东的风险大大降低；另一方面，公司具有独立法人资格，公司不因股东的变动而丧失主体地位 2. 适应性非常强，适用于一切行业，具有很大的发展空间 3. 制度规范，所有权与经营权分离，可以聘任专业管理人员，提升企业的管理水平 4. 企业信用等级较高，融资能力较强	1. 法律法规的规范要求比较严格，对公司依法经营管理的水平提出很高的要求 2. 相较于股份有限公司，有限责任公司的融资手段有限，缺乏在短时间内大量融资的能力，限制了公司规模的发展 3. 大股东控制的现象比较普遍，不利于小股东权益保护

有限合伙制度有利于实现资本和智力有效的结合，通常，拥有财力的人作为有限合伙人，拥有专业知识和技能的人作为普通合伙人。

表 4-7　合伙企业的优缺点

优点	缺点
1. 人多力量大。增加资金、技术、经验和智慧，企业的实力和管理能力都有希望得到提升 2. 机制较灵活，能够吸引更多人的参与。例如，允许以劳务出资，使得有一技之长但缺乏资金的人能够加入到合伙人的队伍，充分发挥其积极性；有限合伙企业允许有限合伙人的参与，有利于吸引风险资本的投入	1. 人多导致分歧多，保密性差，企业运营效率相对低下，不利于企业的长期稳定发展 2. 普通合伙人对合伙企业的债务仍然要承担无限责任 3. 入伙、退伙需要全体合伙人的一致同意，降低了企业的吸引力 4. 规模依然较小，企业信用等级不高，融资手段有限

总之，法律组织形式各有利弊，创业者应根据自己的需要和实际情况，仔细权衡各类形式创业者的权利和利益、义务和风险后，做出最适当的选择。

【思考题】

1. 创业可以选择哪些组织形式？
2. 大学生创业选择组织形式时，应该考虑哪些要素？
3. 分析各种组织形式的利弊。

第五节　合同关系中的法律风险

大学生在创业过程中要进行买卖合同、借款合同、租赁合同等一系列合同的签订。合同关系中的法律风险是大学生创业面临的重大风险，大学生需要做到以下方面。

在创业初期，创业者往往寻找与自己关系比较密切、感情比较亲近的同学、亲戚、朋友作为自己的创业合伙人。创业伙伴关系比较友好，而且创业者往往是实干家，满怀希望一心做事情，认为日后如何分享利益、如何承担债务是比较细枝末节或者说比较遥远的事情，这样通常便会埋下法律纠纷的祸根。在创业还没有见到成效的时候，问题可能不会暴露出来，但是一旦创业企业获得了大量的经济利益时，利益分配便会成为创业伙伴们面临的重要问题，如果不能妥善处理，很可能会导致创业中途失败。

为了能够有效地规避这类问题的发生,就要求在创业伊始通过书面协议,明确各个创业者之间的权利义务划分。中国有句古话说得好:“亲兄弟,明算账。”因此,书面协议可以有效地解决日后利益分配不公、债务承担不平的问题,有利于企业长久稳定地运行下去。在协议中,创业者可以就各自占创业事项多少利益比例、各自承担的债务比例、各自的工作内容、如何引入新的创业伙伴和退出机制等,一一做出明确约定。一旦发生法律纠纷,此书面协议即是保护自己合法权益的凭证。

【思考题】

1. 大学生创业中,可能存在哪些合同风险?
2. 创业者与劳动者是否可以达成口头劳动协议?
3. 如何促进初创企业长远发展?

第六节　知识产权的法律风险

近年来,大学生创办的企业不断涌现,由于大学生创业多是依托自己的专业技术、专业知识,因此知识产权在大学生创新创业过程中发挥着至关重要的作用,知识产权的保护与运用状况直接关系到大学生创业的成功与否。甚至对知识型创业企业来说,其唯一的发展动力就是智力成果,知识产权侵害极有可能直接将其扼杀在摇篮里。如何识别和预防创新创业中的知识产权风险,防止走入知识产权保护的误区,合理保护与运用知识产权已成为大学生创业亟待关注的问题。

一、知识产权简介

知识产权,又称智慧财产权,是指人就其智力劳动成果所依法享有的专有权利,通常是国家赋予创造者对其智力成果在一定时期内享有的专有权或独占权。它主要包括商标权、专利权、著作权、商业机密,是非常重要的无形资产。

知识产权从本质上说是一种无形财产权,它的客体是智力成果或者知识产品,是一种无形财产或者一种没有形体的精神财富,是创造性的智力劳动所创造的劳动成果。它与房屋、汽车等有形财产一样,都受到国家法律的保护，都具有价值和使用价值。甚至有些重大专利、驰名商标或作品的价值远远高于房屋、汽车等有形财产。

（一）商标权

商标权，是指商标所有人对其商标所享有的独占的、排他的权利。商标是用以区别商品和服务不同来源的商业性标志，由文字、图形、字母、数字、三维标志、颜色组合、声音或者上述要素的组合构成。商标堪称市场竞争中的“无言推销员”，对初创企业的品牌塑造具有重要意义。如肯德基、大众汽车、可口可乐的商标，作为产品质量和品质的象征，其本身就具有巨大的商业价值。

（二）专利权

专利权是发明创造人或其权利受让人对特定的发明创造在一定期限内依法享有的独占实施权。根据专利法的规定，专利分为发明、实用新型和外观设计三种。发明，是指对产品、方法或者其改进所提出的新的技术方案。实用新型，是指对产品的形状、构造或者其结合所提出的适于实用的新的技术方案。外观设计，是指对产品的形状、图案或者其结合以及色彩与形状、图案的结合所作出的富有美感并适于工业应用的新设计。

（三）著作权

著作权，是指出版者对其出版的图书和期刊的版式设计享有的权利，表演者对其表演享有的权利，录音录像制作者对其制作的录音录像制品享有的权利，广播电台、电视台对其播放的广播、电视节目享有的权利。著作权保护的作品包括：①文字作品；②口述作品；③音乐、戏剧、曲艺、舞蹈、杂技艺术作品；④美术、建筑作品；⑤摄影作品；⑥电影作品和以类似摄制电影的方法创作的作品；⑦工程设计图、产品设计图、地图、示意图等图形作品和模型作品；⑧计算机软件；⑨法律、行政法规规定的其他作品。不受著作权法保护或不适用于著作权法的作品包括：①法律、法规，国家机关的决议等文件；②时事新闻；③历法、通用数表、公式。

（四）商业秘密

商业秘密是指不为公众所知悉、具有商业价值并经权利人采取相应保密措施的技术信息、经营信息等商业信息，如管理方法、产销策略、客户名单、货源情报等经营信息，生产配方、工艺流程、技术诀窍、设计图纸等技术信息。商业秘密是企业的财产权利，它关乎企业的竞争力，对企业的发展至关重要，有的甚至直接影响到企业的生存。

二、知识产权的保护

（一）获权前的注意事项

（1）创业前期先检索。创业前期不做（专利、商标）检索，可能导致研发成果落入他人的保护范围。专利申请第一步是进入官网“中华人民共和国国家知识产权局”进行专利检索分析，但现实中，许多申请人往往会忽视这一点。他们绞尽脑汁搞发明，但在申请专利时，却发现别人早已完成这项发明并已申请专利，于是自己的努力化为乌有。

（2）及时登记注册。著作权是创作者根据创作行为自动取得，但专利权和商标权的取得，在我国是依申请而取得的。申请人必须提出申请并经审查通过后方可享有。大学生创业时，一旦确定好专利和商标，应立即申请注册，以免被其他市场经营主体抢先注册。对完成之日权利人就能享有著作权的作品而言，权利人也应当及时进行版权登记，巩固自己的权利。

（3）在同类别的商品或服务上多注册相同或类似的商标。现实中，大家不仅见到“六个核桃”，还有“大个核桃”“六仁核桃”“六颗核桃”等。创业者应该加强品牌保护力度，实时监测商标关键词检索，并及时处理各种搭便车、傍名牌等侵权行为。

*** 法条链接 ***

1. 著作权法第二条规定：中国公民、法人或者其他组织的作品，不论是否发表，依照本法享有著作权。

外国人、无国籍人的作品根据其作者所属国或者经常居住地国同中国签订的协议或者共同参加的国际条约享有的著作权，受本法保护。

外国人、无国籍人的作品首先在中国境内出版的，依照本法享有著作权。

未与中国签订协议或者共同参加国际条约的国家的作者以及无国籍人的作品首次在中国参加的国际条约的成员国出版的，或者在成员国和非成员国同时出版的，受本法保护。

2. 商标法第四条规定：自然人、法人或者其他组织在生产经营活动中，对其商品或者服务需要取得商标专用权的，应当向商标局申请商标注册。不以使用为目的的恶意商标注册申请，应当予以驳回。

3. 专利法第三条规定：国务院专利行政部门负责管理全国的专利工作；统一受理和审查专利申请，依法授予专利权。

省、自治区、直辖市人民政府管理专利工作的部门负责本行政区域内的专利管理工作。

4. 专利法第二十六条规定：申请发明或者实用新型专利的，应当提交请求书、说明书及其摘要和权利要求书等文件。

5. 专利法第二十七条规定：申请外观设计专利的，应当提交请求书、该外观设计的图片或者照片以及对该外观设计的简要说明等文件。

申请人提交的有关图片或者照片应当清楚地显示要求专利保护的产品的外观设计。

（二）明晰知识产权所有人

在大学生创业组建企业中，劳动者和企业何者为知识产权的所有人？我们需要明晰。

1. 著作权的归属

著作权属于作者。创作作品的公民是作者。由法人或者其他组织主持，代表法人或者其他组织意志创作，并由法人或者其他组织承担责任的作品，法人或者其他组织视为作者。如无相反证明，在作品上署名的公民、法人或者其他组织为作者。

公民为完成法人或者其他组织工作任务所创作的作品是职务作品，著作权由作者享有，但法人或者其他组织有权在其业务范围内优先使用。作品完成两年内，未经单位同意，作者不得许可第三人以与单位使用的相同方式使用该作品。

有下列情形之一的职务作品，作者享有署名权，著作权的其他权利由法人或者其他组织享有：（一）主要是利用法人或者其他组织的物质技术条件创作，并由法人或者其他组织承担责任的工程设计图、产品设计图、地图、计算机软件等职务作品；（二）法律、行政法规规定或者合同约定著作权由法人或者其他组织享有的职务作品。

2. 发明权的归属

执行本单位的任务或者主要是利用本单位的物质技术条件所完成的

发明创造为职务发明创造。职务发明创造申请专利的权利属于该单位；申请被批准后，该单位为专利权人。非职务发明创造，申请专利的权利属于发明人或者设计人；申请被批准后，该发明人或者设计人为专利权人。利用本单位的物质技术条件所完成的发明创造，单位与发明人或者设计人订有合同，对申请专利的权利和专利权的归属作出约定的，从其约定。

（三）知识产权获权后的维护

知识产权获权后仍需要权利人积极主动地去维护。知识产权的保护具有时间性和成本性。如专利授权后每年需要缴纳一定的维持年费。根据商标法规定注册商标没有正当理由连续3年不使用的，任何单位或者个人可以向商标局申请撤销。

*** 法条链接 ***

1. 专利法第四十二条规定：发明专利权的期限为二十年，实用新型专利权和外观设计专利权的期限为十年，均自申请日起计算。

2. 专利法第四十三条规定：专利权人应当自被授予专利权的当年开始缴纳年费。

3. 专利法第四十四条规定：有下列情形之一的，专利权在期限届满前终止：

（一）没有按照规定缴纳年费的；

（二）专利权人以书面声明放弃其专利权的。

4. 专利法第四十八条规定：有下列情形之一的，国务院专利行政部门根据具备实施条件的单位或者个人的申请，可以给予实施发明专利或者实用新型专利的强制许可：

（一）专利权人自专利权被授予之日起满三年，且自提出专利申请之日起满四年，无正当理由未实施或者未充分实施其专利的；

（二）专利权人行使专利权的行为被依法认定为垄断行为，为消除或者减少该行为对竞争产生的不利影响的。

5. 商标法第四十条规定：注册商标有效期满，需要继续使用的，商标注册人应当在期满前十二个月内按照规定办理续展手续；在此期间未能办理的，可以给予六个月的宽展期。每次续展注册的有效期为十年，自该商标上一届有效期满次日起计算。期满未办理续展手续的，注销其注册商标。

6. 商标法第四十九条规定：商标注册人在使用注册商标的过程中，

自行改变注册商标、注册人名义、地址或者其他注册事项的,由地方工商行政管理部门责令限期改正;期满不改正的,由商标局撤销其注册商标。

注册商标成为其核定使用的商品的通用名称或者没有正当理由连续三年不使用的,任何单位或者个人可以向商标局申请撤销该注册商标。商标局应当自收到申请之日起九个月内做出决定。有特殊情况需要延长的,经国务院工商行政管理部门批准,可以延长三个月。

(四)商业秘密的保护

商业秘密可以为权利人带来一定的、有时是巨大的经济利益。商业秘密的泄露可能会给商业秘密权利人造成重大损失。初创企业应采取有效措施预防商业秘密泄露风险,具体做法有:企业内建立保密制度,将有关信息明确列为保密事项;在雇佣劳力时,对于掌握商业秘密的核心技术人员应当采取相应的保密措施并及时签订附有保密条款的劳动协议;离职时与掌握商业秘密的核心技术人员签订禁止协议;商业谈判中,涉及商业秘密要谨慎,应与对方签署保密协议。如与他人合作开发或者委托开发一项新技术,在开发合同或者委托合同中,明确要求对待开发的技术进行保密。

(五)知识产权的维权

大学生在创新创业中产生知识产权纠纷时,可以综合利用调解、和解、行政执法和司法保护等多元途径来维护自身权益。

关于证明知识产权权属的证据:

(1)涉及著作权纠纷的,应提供作品(含未发表的)手稿、原件、原著、创作素材、史料,以及版权证明文件。

(2)涉及商标权纠纷的,应提供商标注册证书、续展注册证书。

(3)涉及技术成果纠纷的,应提供确认技术成果完成者身份和授予荣誉证书的技术成果文件。

专利权人或者利害关系人有证据证明他人正在实施或者即将实施侵犯专利权的行为,如不及时制止将会使其合法权益受到难以弥补的损害的,可以在起诉前向人民法院申请采取责令停止有关行为的措施。

三、规避知识产权的侵权风险

大学生创业时,不但要积极保护好自身的知识产权,而且要防范对他人知识产权的侵权。

（一）规避著作权侵权风险

自媒体时代，依托优质内容吸引受众、获取商业价值的创业项目增多。内容创业者，如从事网络文学创作的专业写手，要规避著作权侵权风险。如果未经授权使用某些图片做封面、配图等，可能会构成著作权侵权。

属于侵犯著作权的行为包括：未经著作权人许可，发表其作品的；未经合作作者许可，将与他人合作创作的作品当作自己单独创作的作品发表的；没有参加创作，为谋取个人名利，在他人作品上署名的；歪曲、篡改他人作品的；剽窃他人作品的；未经著作权人许可以展览、摄制电影和以类似摄制电影的方法使用作品，或者以改变、翻译、注释等方式使用作品的；使用他人作品，应当支付报酬而未支付的；未经电影作品和以类似摄制电影的方法创作的作品、计算机软件、录音录像制品的著作权有关的权利人许可，出租其作品或者录音录像制品的；未经出版者许可，使用其出版的图书、期刊的版式设计的；未经表演者许可，以现场直播或者公开传送其现场表演，或者录制其表演的；未经著作权人许可，复制、发行、表演、放映、广播、汇编、通过信息网络向公众传播其作品的；出版他人享有专有出版权的图书的；未经表演者许可，复制、发行录有其表演的录音录像制品，或者通过信息网络向公众传播其表演的；未经录音录像制作者许可，复制、发行、通过信息网络向公众传播其制作的录音录像制品的；未经许可，播放或者复制广播、电视的；未经著作权人或者与著作权有关的权利人许可，故意避开或者破坏权利人为其作品、录音录像制品等采取的保护著作权或与著作权有关的权利的技术措施的，法律、行政法规另有规定的除外；未经著作权人或者与著作权有关的权利人许可，故意删除或者改变作品、录音录像制品等的权利管理电子信息的，法律、行政法规另有规定的除外；制作、出售假冒他人署名的作品的；其他侵犯著作权以及与著作权有关的权益的行为。

在下列情况下使用作品，可以不经著作权人许可，不向其支付报酬，但应当指明作者姓名、作品名称，并且不得侵犯著作权人依照本法享有的其他权利：①为个人学习、研究或者欣赏，使用他人已经发表的作品；②为介绍、评论某一作品或者说明某一问题，在作品中适当引用他人已经发表的作品；③为报道时事新闻，在报纸、期刊、广播电台、电视台等媒体中不可避免地再现或者引用已经发表的作品；④报纸、期刊、广播电台、电视台等媒体刊登或者播放其他报纸、期刊、广播电台、电视台等媒体已经发表的关于政治、经济、宗教问题的时事性文章,但作者声明不许刊登、播放的除外;⑤报纸、期刊、广播电台、电视台等媒体刊登或者播放在公众集会上发表的讲话,但作者声明不许刊登、播放的除外;⑥为学校课堂教学或者科学研究,翻译或者少量复制已经发表的作品,供教学或者科研人员使用,但不得出版发行;⑦国家机关为执行公务在合理范围内使用已经发表的作品;⑧图书馆、档案馆、纪念馆、博物馆、美术馆等为陈列或者保存版本的需要,复制本馆收藏的作品;⑨免费表演已经发表的作品,该表演未向公众收取费用,也未向表演者支付报酬;⑩对设置或者陈列在室外公共场所的艺术作品进行临摹、绘画、摄影、录像;⑪将中国公民、法人或者其他组织已经发表的以汉语言文字创作的作品翻译成少数民族语言文字作品在国内出版发行;⑫将已经发表的作品改成盲文出版。以上也适用于对出版者、表演者、录音录像制作者、广播电台、电视台的权利的限制。

(二)规避专利权侵权风险

大学生在依靠科技创新成果创业的过程中,可能构成对他人专利权的侵犯。

下列属于侵犯专利权的行为:未经许可制造专利产品的行为;故意使用发明或实用新型专利产品的行为;销售、许诺销售未经许可的专利产品的行为;使用专利方法以及使用、销售、许诺销售依照专利方法直接获得的产品的行为;进口专利产品或进口依照专利方法直接获得的产品的行为;假冒他人专利的行为;冒充专利的行为。

有下列情形之一的,不视为侵犯专利权:①专利产品或者依照专利方法直接获得的产品,由专利权人或者经其许可的单位、个人售出后,使用、许诺销售、销售、进口该产品的;②在专利申请日前已经制造相同产品、使用相同方法或者已经做好制造、使用的必要准备,并且仅在原有范围内继续制造、使用的;③临时通过中国领陆、领水、领空的外国运输工具,依照其所属国同中国签订的协议或者共同参加的国际条约,或者依照互惠原则,为运输工具自身需要而在其装置和设备中使用有关专利的;④专为科学研究和实验而使用有关专利的;⑤为提供行政审批所需要的信息,制造、使用、进口专利药品或者专利医疗器械的,以及专门为其制造、进口专利药品或者专利医疗器械的。

（三）规避商标权侵权风险

大学生在创业过程中，要避免侵犯他人的商标权。

下列均属侵犯注册商标专用权的行为：①未经商标注册人的许可，在同一种商品上使用与其注册商标相同的商标的；②未经商标注册人的许可，在同一种商品上使用与其注册商标近似的商标，或者在类似商品上使用与其注册商标相同或者近似的商标，容易导致混淆的；③销售侵犯注册商标专用权的商品的；④伪造、擅自制造他人注册商标标识或者销售伪造、擅自制造的注册商标标识的；⑤未经商标注册人同意，更换其注册商标并将该更换商标的商品又投入市场的；⑥故意为侵犯他人商标专用权行为提供便利条件，帮助他人实施侵犯商标专用权行为的；⑦给他人的注册商标专用权造成其他损害的。

（四）规避商业秘密侵权风险

侵犯商业秘密的行为包括：以盗窃、利诱、胁迫等不正当手段获取利益人的商业秘密；披露、使用或允许他人使用盗窃等手段获取权利人的商业秘密；违反约定或者违反权利人有关保守商业秘密的要求，披露、使用他人的商业秘密等。大学生创业过程中，应保持职业操守，不侵犯他人的商业秘密。

【思考题】

1. 著作权涉及哪些权利？
2. 哪些行为属于侵犯商标权？
3. 如何避免商业秘密泄露？

第七节　广告宣传的法律风险

一、概述

现代社会，商品琳琅满目，选择多样，企业之间竞争激烈。广告是企业形象、产品传播与推广的有效途径，好的广告能够为企业带来巨大的客源与交易机会。因此，现在商家之间的竞争，相当程度上变成了广告的竞争。

大学生创业之初，为了让消费者了解自己的产品和服务，需要通过广告进行宣传和推广。初创企业在制作广告的过程中，应注意不要违反相关法律法规，否则要承担相应的法律责任。

二、基本原则

在我国，广告活动应当遵守三项基本原则，即合法性原则、真实性原则、精神文明原则。

*** 法条链接 ***

广告法第三条规定："广告应当真实、合法，以健康的表现形式表达广告内容，符合社会主义精神文明建设和弘扬中华民族优秀传统文化的要求。"

三、合法性原则

广告的合法性是指广告的设计、制作、发布等行为必须符合法律的规定，不得有法律禁止的情形。具体来说，就是要求广告主、广告经营者、广告发布者以及广告代言人在进行广告活动时，必须遵守法律。

*** 法条链接 ***

1. 广告法第二条规定：在中华人民共和国境内，商品经营者或者服务提供者通过一定媒介和形式直接或者间接地介绍自己所推销的商品或者服务的商业广告活动，适用本法。

本法所称广告主，是指为推销商品或者服务，自行或者委托他人设计、制作、发布广告的自然人、法人或者其他组织。

本法所称广告经营者，是指接受委托提供广告设计、制作、代理服务的自然人、法人或者其他组织。

本法所称广告发布者，是指为广告主或者广告主委托的广告经营者发布广告的自然人、法人或者其他组织。

本法所称广告代言人，是指广告主以外的，在广告中以自己的名义或者形象对商品、服务作推荐、证明的自然人、法人或者其他组织。

2. 广告法第五条规定：广告主、广告经营者、广告发布者从事广告活动，应当遵守法律、法规，诚实信用，公平竞争。

广告的合法性主要体现在四个方面：一是广告的主体资格要合法。根据广告法规定："广告主委托设计、制作、发布广告，应当委托具有合法经营资格的广告经营者、广告发布者。"广告经营者、广告发布者应当具备法定的经营资格。除此之外，企业的商品或服务应与其核准登记的经营范围相适应。二是广告的内容要合法。所推销的商品或者服务应当是法律许可生产、交易或宣传的。法律、行政法规规定禁止生产、销售的商品或者提供的服务，以及禁止发布广告的商品或者服务，不得设计、制作、发布广告。三是广告的表现形式和内容，如语言、文字、画面等，应当符合法律规定。四是广告的发布程序要符合法律规定。如利用互联网发布药品、保健食品、医疗器械、农药、兽药、医疗等广告必须事先经过广告审查，方可发布。

*** 法条链接 ***

1. 广告法第十一条规定：广告内容涉及的事项需要取得行政许可的，应当与许可的内容相符合。

广告使用数据、统计资料、调查结果、文摘、引用语等引证内容的，应当真实、准确，并标明出处。引证内容有适用范围和有效期限的，应当明确表示。

2. 广告法第二十九条规定：广播电台、电视台、报刊出版单位从事广告发布业务的，应当设有专门从事广告业务的机构，配备必要的人员，具有与发布广告相适应的场所、设备，并向县级以上地方市场监督管理部门办理广告发布登记。

3. 广告法第十五条规定：麻醉药品、精神药品、医疗用毒性药品、放射性药品等特殊药品，药品类易制毒化学品，以及戒毒治疗的药品、医疗器械和治疗方法，不得作广告。

前款规定以外的处方药，只能在国务院卫生行政部门和国务院药品监督管理部门共同指定的医学、药学专业刊物上作广告。

4. 广告法第三十二条规定：广告主委托设计、制作、发布广告，应当委托具有合法经营资格的广告经营者、广告发布者。

5. 广告法第三十八条规定："不得利用不满十周岁的未成年人作为广告代言人。"

四、真实性原则

（一）概念

广告的真实性是以合法性为前提的。真实性原则是广告法最为核心的原则。真实性原则是指广告活动必须真实、客观地宣传商品或者服务，不得弄虚作假、欺骗和误导消费者。商业广告的目的在于推销商品或服务，在信息爆炸且日益碎片化的当今社会，广告对消费者的选择具有很强的导向性。在现实生活中，许多关于商品和服务的信息，消费者主要是从广告中得知的。如果广告含有虚假内容，消费者难免被欺骗或误导。

广告法第四条明确规定："广告不得含有虚假或者引人误解的内容，不得欺骗、误导消费者。广告主应当对广告内容的真实性负责。"

违反真实性原则的广告，就是指虚假广告。

（二）虚假广告

1. 概念

虚假广告，是指以虚假或者引人误解的内容欺骗、误导消费者的广告。虚假广告包括：①商品或者服务不存在的；②商品的性能、功能、产地、用途、质量、规格、成分、价格、生产者、有效期限、销售状况、曾获荣誉等信息，或者服务的内容、提供者、形式、质量、价格、销售状况、曾获荣誉等信息，以及与商品或者服务有关的允诺等信息与实际情况不符，对购买行为有实质性影响的；③使用虚构、伪造或者无法验证的科研成果、统计资料、调查结果、文摘、引用语等信息作证明材料的；④虚构使用商品或者接受服务的效果的；⑤其他情形。

2. 虚假广告的法律责任

（1）虚假广告主的行政责任。广告法第五十五条规定：违反本法规定，发布虚假广告的，由市场监督管理部门责令停止发布广告，责令广告主在相应范围内消除影响，处广告费用三倍以上五倍以下的罚款，广告费用无法计算或者明显偏低的，处二十万元以上一百万元以下的罚款；两年内有三次以上违法行为或者有其他严重情节的，处广告费用五倍以上十倍以下的罚款，广告费用无法计算或者明显偏低的，处一百万元以上二百万元以下的罚款，可以吊销营业执照，并由广告审查机关撤销广告审查批准文件、一年内不受理其广告审查申请。医疗机构有前款规定违法行为，情节严重的，除由市场监督管理部门依照本法处罚外，卫生行政部门可以吊销诊疗科目或者吊销医疗机构执业许可证。

“广告经营者、广告发布者明知或者应知广告虚假仍设计、制作、代理、发布的，由市场监督管理部门没收广告费用，并处广告费用三倍以上五倍以下的罚款，广告费用无法计算或者明显偏低的，处二十万元以上一百万元以下的罚款；两年内有三次以上违法行为或者有其他严重情节的，处广告费用五倍以上十倍以下的罚款，广告费用无法计算或者明显偏低的，处一百万元以上二百万元以下的罚款，并可以由有关部门暂停广告发布业务、吊销营业执照、吊销广告发布登记证件。”

（2）虚假广告主的民事责任。广告法第五十六条规定：“违反本法规定，发布虚假广告，欺骗、误导消费者，使购买商品或者接受服务的消费者的合法权益受到损害的，由广告主依法承担民事责任。广告经营者、广告发布者不能提供广告主的真实名称、地址和有效联系方式的，消费者可以要求广告经营者、广告发布者先行赔偿。关系消费者生命健康的商品或者服务的虚假广告，造成消费者损害的，其广告经营者、广告发布者、广告代言人应当与广告主承担连带责任。”

消费者权益保护法第五十五条规定：“经营者提供商品或者服务有欺诈行为的，应当按照消费者的要求增加赔偿其受到的损失，增加赔偿的金额为消费者购买商品的价款或者接受服务的费用的三倍；增加赔偿的金额不足五百元的，为五百元。法律另有规定的，依照其规定。”

（3）虚假广告的刑事责任。根据刑法第二百二十二条规定：“广告主、广告经营者、广告发布者违反国家规定，利用广告对商品或者服务作虚假宣传，情节严重的，处两年以下有期徒刑或者拘役，并处或者单处罚金。”

（三）对比广告

对比广告，是一种特殊的广告形式，又称竞争性广告。对比广告，是指在广告中将一种产品与其他同类相竞争的产品相比较，从而突出本产品的某些特殊方面，使受众接受该产品并产生购买行动的一种广告表现方式。随着市场经济的发展，国内对比广告的运用增多，因此引发的法律纠纷也屡见不鲜。相信看过电视广告的人，都会记得农夫山泉对寻找水源的执着以及坚持只是“大自然的搬运工”，而随后恒大冰泉的广告词就是“我们搬运的不是地表水而是地下水”；以及超能洗衣液广告语“超能女人用超能”以及立白新广告“我是女人我不要做超人”,此类案例不胜枚举,对簿公堂的就有纯净水之争(“娃哈哈”与“农夫山泉”)、营养品之争(“民生药业”与“养生堂”)、格力空调“1 赫兹”与美的空调“全直流”之争、“佳洁士”与“高露洁”之争等。

对比广告的价值首先在于它的商业性,能快速地使消费者即广告受众了解商品的基本信息与优势;其次在于它的社会性,通过对比广告,可以有效地刺激消费,鼓励竞争,引导交易双方减少成本,从而提高生产经营力,建立与公众的积极连接,巩固友好关系,提升公众对其的信任度。但只有符合法的价值与精神,对比广告才能促进市场的良性发展,实现它的价值。从上述几起诉至法院的案例结果可以看出,法院判断对比性广告是否构成违法的情形:一是内容缺乏依据并引起消费者误解的;二是将同种类型的服务或产品,在缺乏依据或者对对方进行负面评价的基础上进行对比,影响其公众印象的,会被判定为构成商业诋毁的不正当竞争。

五、精神文明原则

精神文明原则是指广告应当以健康的表现形式表达广告内容。第一,不得采用带有淫秽、色情、迷信、暴力、民族歧视或性别歧视等不健康情景来表达广告内容。第二,要求广告应当符合社会主义精神文明建设。广告应当宣传正确的世界观、人生观、价值观和幸福观,尊重社会公德和社会公共利益,而不能宣扬和传播损人利己、损公肥私、金钱至上、以权谋私等思想和观念。第三,鼓励广告弘扬中华民族优秀传统文化。在日益现代化和国际化的今天,广告更应该成为中华民族优秀传统文化的舞台,引导公众树立和坚持正确的历史观、民族观、国家观、文化观,体现积极进取奋发有为的人生态度,增强做中国人的自豪感和使命感。

广告法规定,广告不得有下列情形:

(一)使用或者变相使用中华人民共和国的国旗、国歌、国徽,军旗、军歌、军徽;

(二)使用或者变相使用国家机关、国家机关工作人员的名义或者形象;

(三)使用“国家级”“最高级”“最佳”等用语;

(四)损害国家的尊严或者利益,泄露国家秘密;

(五)妨碍社会安定,损害社会公共利益;

(六)危害人身、财产安全,泄露个人隐私;

（七）妨碍社会公共秩序或者违背社会良好风尚；

（八）含有淫秽、色情、赌博、迷信、恐怖、暴力的内容；

（九）含有民族、种族、宗教、性别歧视的内容；

（十）妨碍环境、自然资源或者文化遗产保护；

（十一）法律、行政法规规定禁止的其他情形。

商家的广告用语要遵守我国的法律法规，不能违反社会的公序良俗，眼球效应也好，炒作也好，都要有度，不能逾越法律的底线。

虚假广告出现的原因在于企业缺乏社会责任感，追求个人利益至上。相比于商业效益，企业更应该注重自己的社会价值。做广告可以给商家带来商业效益，但同时商家也应当具备社会责任感。一个广告不能光吸引眼球，更重要的是树立正确价值导向，这更能体现一个企业的价值，也能赢得消费者的认可。

总之，大学生在创业过程中，应规范广告宣传策划。严格广告策划准入，不仅要做好优势方面的宣传，还要保持宣传内容的完整性和合法性。广告宣传内容要遵守反不正当竞争法、消费者权益保护法和广告法等法律规定，切不可单方面为了吸引客户眼球而打“擦边球”，也不可断章取义，误导消费者。同时，应对广告策划人员进行常态化培训。高度重视相关人员对法律、法规及条例的学习、教育、培训活动。

【思考题】

1. 虚假广告主应承担哪些责任？
2. 广告活动中，真实性原则与合法性原则有什么关系？
3. 广告中不得含有哪些内容？

第五章　婚恋家庭篇

课前导语：

婚姻家庭是大学生未来必须经历的人生一课，那么当大学生遇到婚姻家庭问题时，应该如何处理？恋爱期间，面对互赠礼物、分手费、同居、怀孕等问题如何处理？

第一节　大学生恋爱中的法律问题

大学生活是多姿多彩的，其中恋爱是大学校园中相当普遍的现象。当热恋的双方沉浸在幸福和甜蜜的生活中时，关于恋爱所带来的道德和法律问题也随之而来。

一、非婚同居关系的法律问题

大学生婚恋中可能存在婚前同居问题。同居，是指无配偶的男女双方未办理结婚登记而自愿、长期以夫妻名义共同生活。

随着社会的发展、伦理观念的转变和民众思想观念的开放，未婚同居在生活中已屡见不鲜。那么，在分手解除同居关系时，情侣之间会不可避免地涉及对同居期间共同所得的收入和购置财产的分割问题。因未办理婚姻登记手续，同居并不受我国民法典的保护，那么同居财产如何分割呢？

(一)法律规定

1.《关于人民法院审理未办结婚登记而以夫妻名义同居生活案件的若干意见》(以下简称《意见》)

《意见》第8条规定：人民法院审理非法同居关系的案件，如涉及非婚生子女抚养和财产分割问题，应一并予以解决。具体分割财产时，应照顾妇女、儿童的利益，考虑财产的实际情况和双方的过错程度，妥善分割。

解除非法同居关系时，同居生活期间双方共同所得的收入和购置的财产，按一般共有财产处理。同居生活前，一方自愿赠送给对方的财物可比照赠与关系处理；一方向另一方索取的财物，可参照最高人民法院(84)法办字第112号《关于贯彻执行民事政策法律若干问题的意见》第18条规定(借婚姻关系索取的财物，离婚时，如结婚时间不长，或者因索要财物造成对方生活困难的，可酌情返还)的精神处理。

《意见》第11条规定：解除非法同居关系时，同居期间为共同生产、生活而形成的债权、债务，可按共同债权、债务处理。第12条规定：解除非法同居关系时，一方在共同生活期间患有严重疾病未治愈的，分割财产时，应予适当照顾，或者由另一方给予一次性的经济帮助。

2. 民法典

根据民法典第三百零八条规定："共有人对共有的不动产或者动产没有约定为按份共有或者共同共有，或者约定不明确的，除共有人具有家庭关系等外，视为按份共有。"生活中同居双方很少有对同居财产共有进行约定，故一般按按份共有处理。

根据民法典第三百零九条规定："按份共有人对共有的不动产或者动产享有的份额，没有约定或者约定不明确的，按照出资额确定；不能确定出资额的，视为等额享有。"也就是说有约定还是按约定分，没有约定就按能确定的出资额分，不能确定出资额的就推定各占50%。

(二)总结

同居期间的财产，如果能够证明是一方劳动收入以及因继承、遗赠、赠与等途径所得的合法收入，均应归其本人所有。

对其他共同购置的财产，为一般共有。"一般共有"是基于共同投资、共同经营而形成的，如合伙共有财产，出资合购的共有房屋等都不是基于身份而产生的共有关系。该类财产应参照其出资份额予以分割。当然，如果另一方在取得该财产过程中有辅助性劳动及提供生活帮助的,可根据其作用的大小确定不同的份额,同居期间为共同生活而产生的债权、债务亦应依据上述原则处理。

(三)建议

双方可以在同居期间做个人财产约定。对自己购买的物品保留好相关的证据。对于双方共同出资购买的物品,最好双方有个相互的记录。在同居期间各自的父母朋友馈赠的物品最好让赠与者注明此物的归属权,标明字样。

二、分手费法律问题

大学生在恋爱过程中,由于种种原因导致分手是非常普遍的现象。那么,分手后,一方可否要求对方承担青春损失费和分手费呢?答案显然是否定的。

大学生恋爱属于正常交往,作为大学生应当预计到分手也属于正常情况。双方恋爱所耗费的时间是相等的,不存在一方有青春的损失,而另一方无青春的损失。所谓的青春损失费、分手费无法律依据,即使一方写下此类内容的借条或保证书等也不会得到法院的支持。如果赠与人已自愿给付“分手费”,且不损害他人利益,则不能要求受赠人返还。相反,若赠与人尚未给付,则可以反悔并撤销“分手费”约定。

*** 法条链接 ***

《浙江省高级人民法院关于审理民间借贷纠纷案件若干问题的指导意见》(浙高法〔2009〕297 号)第三十五条规定:当事人主张的下列借贷,不予保护,依法判决驳回诉讼请求:

(一)因非法同居、不正当两性关系等行为产生“青春损失费”“分手费”等有损社会公序良俗的情感债务转化的借贷;

(二)具有抚养、赡养义务关系的父母子女等直系亲属之间发生的有违家庭伦理道德和社会公序良俗的借贷。

三、恋人隐私法律问题

恋人是非常亲密的社会关系,但即使再亲密的关系,相互之间也会存在隐私。隐私是指一个人不愿意向他人公开的隐秘经历。所谓隐私权，是指只要这种经历不包含损害他人的情节，任何与此经历无关的人包括政府都无权过问，更无权强行公开。尊重隐私权意味着把一个人当作独立的人格予以尊重，在恋人或夫妻之间同样应该有这样一种文明意识和教养。

当然，恋人或者夫妻间的情况要微妙得多，因为恋人或夫妻间最敏感的隐私往往涉及一方与其他异性的关系，而这种关系是否构成对另一方的损害，从而赋予了另一方过问的权利，不是很容易判断的。有一些情形可以明确地归入应受尊重的隐私的范围，例如婚前的经历和婚后的异性间友谊。这些情形对于现有的恋情或婚姻不产生直接的影响，因此原则上应当看作当事人的私事。

比较难以确定的是，如果发生了可能直接损害现有恋情或婚姻的情形，例如一方有了外遇，另一方是否还应该将此当作隐私予以尊重呢？从原则上讲应该持否定的态度。在这种情况下，任何一方都有权知道事实的真相，以便重新审视这段感情的价值，作出自己的判断和决定。

在恋爱过程中，双方的通信自由与通信秘密依旧受法律保护。例如，微信、QQ 聊天记录都属于个人隐私，另一方即使通过合法途径获得 QQ 密码，其查看对方聊天记录的行为也是侵犯个人隐私的行为。作为恋人应互相尊重对方的隐私权。

四、大学生结婚法律问题

2005 年，教育部发布新的《普通高等学校学生管理规定》，取消了“在校期间擅自结婚而未办理退学手续的学生，做退学处理”的规定，不再对大学生结婚作出限制。此次修改，体现了部门规章与法律的统一性，是进步的表现。

大学生“禁婚令”的解除，说明了在大学期间，大学生有自由结婚的权利，但必须符合法律的基本要求。例如，必须符合法律规定的结婚最低年龄，男不得早于二十二周岁，女不得早于二十周岁。新颁布的《民法典》关于结婚的禁止性条件只规定了直系血亲或者三代以内的旁系血亲禁止结婚，删除了关于“患有医学上认为不应当结婚的疾病”的结婚禁止性规定，而修改为：一方患有严重疾病的，应当在结婚登记前如实告知另一方；不如实告知的，另一方可以向婚姻登记机关或者人民法院请求撤销该婚姻。这样修改体现了自愿和诚信原则。如果一方患有重大疾病，而另一方并不在乎，愿意相扶相助，那么法律并不应该禁止双方在自愿的情况下结婚。而如果在结婚前,患有重大疾病的一方隐瞒了自己的病情,则违背诚信原则,另一方有权要求法院撤销该婚姻。

*** 法条链接 ***

1. 民法典婚姻家庭编第一千零四十六条规定:结婚应当男女双方完全自愿,禁止任何一方对另一方加以强迫,禁止任何组织或者个人加以干涉。

2. 民法典婚姻家庭编第一千零四十七条规定:结婚年龄,男不得早于二十二周岁,女不得早于二十周岁。

3. 民法典婚姻家庭编第一千零五十一条规定:有下列情形之一的,婚姻无效:

(一)重婚;

(二)有禁止结婚的亲属关系;

(三)未到法定婚龄。

五、大学生怀孕法律问题

法律并不禁止大学生结婚,那么法律是否允许在校女大学生怀孕?根据“法律没有禁止的公民都可以做”的原则,法律既没有对结婚予以限制,也没有提及生育的问题,所以从法律上说,在校女大学生有生育的权利。但大学生应该以学习为主,学校作为教育机构不提倡在校大学生结婚生育。

但如果在大学期间,女方意外怀孕,可否要求男方承担相关费用?

生育权是女方独有的权利,选择生育还是不生育最终决定权在女方。作为大学生应该有足够的意识考虑到怀孕的后果。如果选择生育,男方必须承担部分的生育费用与孩子的抚养费用。因为其作为孩子的父亲,与孩子有血缘关系,应承担抚养子女的义务。如果女方选择不生育而中止妊娠的,男方则可不承担中止妊娠所产生的费用。

另外,在校大学生如果因为怀孕不能继续学业,学校应如何处理?学校是否有权要求大学生退学甚至开除大学生呢?答案是否定的。学校应该本着以人为本的基本原则,充分尊重大学生的结婚权和生育权。学校可为大学生办理休学手续,按照学校相关规定分阶段完成学业。

以上这些问题,都是大学生在自己的婚恋中应该实际了解和考虑的。大学生婚恋产生的纠纷现象近几年频发,处于青春期后期的大学生心智发育尚不成熟，人生经历浅薄，在热恋中往往忽略现实的问题。在爱情的发展过程中，以理智控制感情既是恋爱中男女必须自觉遵守的自律准则，也是避免爱情悲剧的关键。热恋中的大学生情侣，对恋人要有高度的责任感，用理智战胜情绪的冲动。另外，在恋爱期间要保持必要的冷静，就算感情出现问题也应该通过和平的方式解决，切勿暴力解决，更不能触犯法律，任何一方因此受到伤害，都违背了恋爱原本的美好初衷。

【思考题】

1. 在校大学生可以结婚生子吗？
2. 大学生恋爱分手后，可否要求对方承担青春损失费和分手费？
3. 大学生分手后，同居财产如何分割？

第二节　恋爱期间互赠礼物法律问题

在一些特殊的节日，恋人之间为表达爱意，相互赠送财物已司空见惯。但问题是一旦分手，所赠财物是否可以要求返还呢？

一、法律行为定性

随着社会经济的发展，男女之间的感情不免掺杂着物质、金钱，分手时因恋爱期间赠与行为引起的纠纷日益增多。解决此类纠纷的关键在于认定恋爱期间赠与行为的性质。

恋爱期间赠与财物，涉及两种法律关系：民间借贷和赠与；而赠与关系又可以根据具体情况进一步区分为一般赠与、附条件赠与和彩礼赠与。

（一）民间借贷

民间借贷，是指自然人、法人、其他组织之间及其相互之间进行资金融通的行为。一旦恋爱期间的互赠礼物被视为民间借贷关系，则另一方有还款义务。

但根据《最高人民法院关于审理民间借贷案件适用法律若干问题的规定》，出借人向法院起诉时，应当提供借据、收据、欠条等债权凭证以及其他能够证明借贷法律关系存在的证据。因而，当一方希望发送微信红包的行为属于借贷性质时,就有必要通过微信留言或让对方事后补欠条等方式明确表示借贷关系的存在。

（二）赠与

1. 一般赠与

民法典第六百五十七条规定:“赠与合同是赠与人将自己的财产无偿给予受赠人,受赠人表示接受赠与的合同。”所赠财物一经交付受赠人即不可撤销。除非受赠人具有《民法典》第六百六十三条规定的情形(严重侵害赠与人与赠与人的近亲属的;对赠与人有抚养义务而不履行的,不履行赠与合同约定义务的)。在此情况下,赠与人可行使撤销权,赠与人的撤销权,自知道或应当知道撤销原因之日起一年内行使。

男女双方在恋爱期间,为了培养感情而相互赠送的礼物或是支出金钱的消费活动,一般都是无偿赠与的意思,即属于赠与性质。赠与物的所有权自交付时起转移,受赠方成为赠与物的所有权人,双方可以不予返还。一方承诺或者保证赠送另一方贵重礼物,但实际中未赠送或者未交付,另外一方在法律上有权要求对方履行自己的承诺,但赠与人在赠与财产的权利转移之前可以撤销赠与。

*** 法条链接 ***

1. 民法典第六百五十八条规定:赠与人在赠与财产的权利转移之前可以撤销赠与。

经过公证的赠与合同或者依法不得撤销的具有救灾、扶贫、助残等公益、道德义务性质的赠与合同,不适用前款规定。

2. 民法典第六百六十五条规定:撤销权人撤销赠与的,可以向受赠人请求返还赠与的财产。

2. 附条件赠与

附条件赠与,是指双方当事人对赠与行为设立一定的条件,把条件的成就与否作为赠与行为效力发生或消灭的前提。比如甲对乙说:“如果我们结婚,我就把这套房子过户给你。”那么,房子赠与乙的前提是甲乙办理结婚登记。或者甲对乙说:“我把这辆车赠送给你,但如果我们分手,你要把它还给我。”也就是说从现在起,甲的车无偿赠与乙,但是二人如果分手,乙需要把车还给甲。

恋人之间，在涉及大额赠与时，可能会约定附条件赠与，即以结婚为条件的赠与，以免未修得正果而赠与财物价值过大。

3. 彩礼赠与

彩礼，又称聘礼、聘金，最早源于西周的“六礼”制度，是民族传统习俗之一，一般是由男方家庭送给女方的礼金或财产，约定男女双方结婚的一种仪式性礼仪，是双方进入婚约阶段，商议婚礼后才需要的一种习俗。

彩礼在法律上就属于以结婚为条件的赠与。如果彩礼给付后双方未结婚，则女方应返还男方彩礼。

鉴于彩礼涉及财物数额较大，为减少纠纷、维护恋爱双方的合法权益，法律做出了明确规定。《最高人民法院关于适用〈中华人民共和国婚姻法〉若干问题的解释（二）（2017 修正）》第十条规定：当事人请求返还按照习俗给付的彩礼的，如果查明属于以下情形，人民法院应当予以支持：（一）双方未办理结婚登记手续的；（二）双方办理结婚登记手续但确未共同生活的；（三）婚前给付并导致给付人生活困难的。适用前款第（二）（三）项的规定，应当以双方离婚为条件。

综上所述，恋人之间赠与礼物的行为，如果被认定为民间借贷行为，俗话说“欠债还钱，天经地义”，则另一方有还款义务；如果是被认定为赠与行为，则需要具体情况具体分析。

二、赠与财物具体分析

区分民间借贷与赠与，关键是看行为人的真实意思表达。

（一）恋爱期间的红包、转账

顾某自 2017 年 8 月到 2018 年 1 月通过微信、支付宝多批次、小额度地向被告转款，其中不乏诸如“520、1314、999”之类的金额，这样的赠与更多的是顾某为了表达自己情感上的慰藉而赠与对方财物，李某也表示接受。这种情况一般都视为恋爱生活中的一般赠与，钱款一旦交付，赠与行为即完成。

关于恋爱期间的红包、转账行为，根据行为人内心的真实意思，总结如下：第一，转账及微信红包如果是在特殊时间以特殊数字形式给的，比如在情人节、七夕节、妇女节等给发 1314、521 之类的，或者钱款数额包含“6”“8”等吉利数字，应当认定为是赠与。第二，如果不是在特殊时间不以特殊数字形式，但却在红包上注明“爱你”“照顾好身体”“么么哒”“一生一世”之类的祝福语，这系男女恋爱期间的一种正常的意愿表示，应认定为赠与。第三，一方转账之后，另一方微信回复表情包写有“谢谢”两字后，赠与方没有当即表示异议或者要求对方限期返还，结合生活日常经验，可以推定真实意思表示为一般的恋爱往来，借款的可能性极小。第四，如果不满足上述三种情形，这不排除是恋爱期间基于共同生活消费、赠与、借贷等多种法律关系，但要认定为借贷关系，则需要借方提供更加有力的证据。实际生活中，恋人之间的借贷，几乎没有谁会要求对方打欠条，有时甚至不好意思把给付的性质讲明白或说清楚（是借贷还是赠与），这样一旦分手不可避免会发生财产纠纷。第五，对于数额较大的红包或转账，如果缺乏证据认定为借贷关系，可以考虑赠与是不是以缔结婚约为目的的附有条件，如果明显是附有条件或者带有目的的因素，在男女终止恋爱后，由于缔结婚约的目的不能实现，接受钱款的一方应当返还接受的大额财物。

（二）消费性赠与

处于恋爱甜蜜期的男女通常消费较大，一起逛街吃饭、一起外出游玩，等等。双方在恋爱期间，并不计较谁来支付。一旦出现感情裂痕，闹分手的情况时，情侣间的消费问题也会成为双方争执的事情。但这项诉求无法获得法院的支持。

首先，恋人一起的消费属于消耗性消费，已经没有返还的标的物。其次双方一起参与消费，谁消费多谁消费少是无法确定的。所以，恋爱期间的消费是不可以要求对方返还的。

（三）小额礼物赠与

恋爱中的男女，为了联络感情以及表达爱意，相互赠送礼物实属正常，且并非大件昂贵物品，具有日常性、及时性消费特征，属于一般性的赠与，完成交付，所有权即发生变更，受赠人可不予返回。而且在谈情说爱阶段的一般财物赠与，并没有上升到以结婚为目的的财产赠与等涉及婚约财产或彩礼，不满足返还的条件。

所以，一方赠送另一方鲜花、礼物和衣服等小礼物，属于恋爱期间的礼尚往来，是一般赠与，一经交付对方即拥有所有权，不需要返还。

（四）大额财物赠与（不包括彩礼）

恋爱期间的大额财产赠与，比如购买房屋、购买车辆、大额转账、购买大额奢侈品等，是否可以要求返还需要看具体情况进行处理。

对于大额财物赠与行为，已经超过一般恋爱的要求，是否能追要，要确定购买的目的，是否为当事人的真实意思，是否有附带的条件。如果两人明确约定赠与是以缔结婚约为目的的，若是双方最终分手，未能结婚，赠与财产的目的也就随之落空，接受财物的一方应根据实际情况适当返还。这样既符合日常生活经验和善良风俗，也遵循了民事活动自愿、公平、等价有偿、诚实信用的原则。但如果是恋人之间的一方以增进私人情谊为目的，或者基于良好的道德风尚，在对方生日时赠送首饰等大额财物，并无意设定法律上的权利义务关系，分手时则难以追讨。

（五）彩礼赠与

根据司法实践中对于大量婚约财产纠纷的处理，最终能够被认定为"按照习俗给付的彩礼"最终判决返还的少之又少。其原因在于：第一，当今社会人口流动性很大，男女双方常常来自不同的地方，婚俗存在差异。而婚姻法解释规定的应当返还的彩礼往往就是订婚仪式上给予的，这就给司法实践认定带来了困难。第二，随着恋爱的自由，财物的给付时间大大提前，很难认定为"彩礼"。爱情的"快餐化"带来的是男女之间交往过程的加快，往往交往时间不长便赠送大量礼品，甚至出现了一些"索取财物"的现象。这些恋爱期间给付的大量财物很难被认定为传统意义上结婚之前给付的"彩礼"。第三，调查取证困难，也给婚约财产纠纷的处理带来了困难。男女恋爱期间感情较好，在婚礼置办过程中即使给付数额较高的财物一般也不会去保留票据。一旦分手，一方起诉另一方返还为结婚给予的大量财物，举证存在困难，往往很难证明是给付的"彩礼"，在女方否认的情况下也很难证明对方收到了这些钱物。

三、总结与建议

（一）总结

1. 应当返还的情形

关于恋人之间的赠与，一般来说，应返还的情形包括以下几种。

（1）以结婚为目的的赠与财物，分手后应当返还。以结婚为目的的购买车辆以及向对方汇款，这一系列的行为是为了成就婚姻，是一种以结婚为条件的附条件赠与行为，这类赠与行为的生效建立在婚姻成就这一条件上，若双方分手，结婚未能成就，自然赠与合同自始没有生效，受赠方构成不当得利，应当返还赠与财物。

（2）按照民间习俗收受的彩礼，当事人请求返还的，如果没有办理结婚登记，或办理结婚登记但确未共同生活或导致给付人生活困难的，收受的彩礼应当返还。

2. 不应当返还的情形

以恋人关系发生的，属于小额的财物赠与或日常的消费性支出，维系感情的必要支出或双方的共同消费。

（二）建议

恋爱期间千万不要被恋爱的甜蜜冲昏头脑，应该保持必要的理性。对于金额较大的借款，一定要通过借条等形式将证据书面固定下来。即使是客观情况阻挠或碍于情面，无法通过书面形式固定证据，也要对红包和转账进行附言、备注，以减少纠纷发生的可能性。

若是赠与贵重物品，如购房、购车、首饰等，如果希望达到结婚目的才实施赠与，完全可以设置符合法律规定的条件或期限来限制赠与效力，甚至可以在结婚后再添加名字。

【思考题】

1. 恋爱期间互赠礼物，涉及哪些法律关系？
2. 对于恋爱期间的红包、转账，分手后是否可以要求对方返还？
3. 对于恋爱期间的赠与，哪些情形应予返还？

第三节　大学生家庭法律关系

家庭是社会的细胞，有了健全的细胞才会有一个健全的社会，乃至一个健全强盛的国家。家庭既受法律的保护又受法律的制约，家庭的一切活动都不能逾越法律的界限。

一、家庭暴力

根据《中华人民共和国反家庭暴力法》第二条规定，家庭暴力，是指家庭成员之间以殴打、捆绑、残害、限制人身自由以及经常性谩骂、恐吓等方式实施的身体、精神等侵害行为。因此,家庭暴力不仅仅局限于殴打、捆绑、限制人身自由等暴力方式,还包括经常性谩骂、恐吓等精神侵害行为。

民法典在婚姻家庭编的禁止性规定中,明确规定禁止家庭暴力。大学生在自己或家人遭遇家庭暴力时,不应以暴制暴,应通过法律途径维护正当权益。家庭暴力受害人及其法定代理人、近亲属可以向加害人或者受害人所在单位、居民委员会、村民委员会、妇女联合会等单位投诉、反映或者求助。有关单位接到家庭暴力投诉、反映或者求助后,应当给予帮助、处理。家庭暴力受害人及其法定代理人、近亲属也可以向公安机关报案或者依法向人民法院起诉。

学校、幼儿园、医疗机构、居民委员会、村民委员会、社会工作服务机构、救助管理机构、福利机构及其工作人员在工作中发现无民事行为能力人、限制民事行为能力人遭受或者疑似遭受家庭暴力的,应当及时向公安机关报案。公安机关应当对报案人的信息予以保密。公安机关接到家庭暴力报案后应当及时出警,制止家庭暴力,按照有关规定调查取证,协助受害人就医、鉴定伤情。

当事人遭受家庭暴力或者面临家庭暴力的现实危险时,可向人民法院申请人身安全保护令。人身安全保护令是人民法院为了保护家庭暴力受害人及其子女和特定亲属的人身安全作出的民事裁定。人身安全保护令可以包括下列措施:(一)禁止被申请人实施家庭暴力;(二)禁止被申请人骚扰、跟踪、接触申请人及其相关近亲属;(三)责令被申请人迁出申请人住所。从立法目的上看,人身安全保护令旨在将家暴者与受害者进行物理上的隔绝,让家暴丧失基础。

*** 法条链接 ***

民法典第一千零四十二条规定:禁止包办、买卖婚姻和其他干涉婚姻自由的行为。禁止借婚姻索取财物。

禁止重婚。禁止有配偶者与他人同居。

禁止家庭暴力。禁止家庭成员间的虐待和遗弃。

二、父母子女关系

父母与子女的关系是家庭关系的重要组成部分。父母与子女之间,既有血缘上的联系,又有道义上的关系,还有法律上规定的权利与义务关系。我国法律规定:"父母有抚养教育未成年子女的义务,成年子女有赡养扶助父母的义务。"这一规定既是社会主义法律的义务,又是社会主义家庭道德的要求。

*** 法条链接 ***

1. 民法典第一千零六十七条规定:父母不履行抚养义务的,未成年子女或者不能独立生活的成年子女,有要求父母给付抚养费的权利。

成年子女不履行赡养义务的,缺乏劳动能力或者生活困难的父母,有要求成年子女给付赡养费的权利。

2. 民法典第一千零六十八条规定:父母有教育、保护未成年子女的权利和义务。未成年子女造成他人损害的,父母应当依法承担民事责任。

(一)不同社会制度下父母子女关系

父母与子女的关系是以血缘关系为基础的,并受当时社会的经济制度所制约。因此,在不同的社会制度下,父母子女间的关系具有不同的性质。在封建社会的家长制家庭里,父母与子女的关系具有人身依附的性质。父母有决定子女的婚姻甚至生死的权利,父母子女间关系是不平等的。而在现代社会,父母与子女关系,既是血缘关系,又是平等主体之间的关系。血缘关系决定父母对未成年子女有不可推卸的抚养与教育的义务,成年子女对父母有必须履行的赡养扶助的责任;平等关系决定父母与子女之间在政治上、人格上都是平等的。

(二)自然血亲的父母子女关系不可解除

父母与子女关系也称为亲子关系。自然血亲的父母子女关系是基于子女出生的法律事实而在子女与父母亲之间形成的法律上的权利义务关系。依出生事实发生时间不同,自然血亲又分为婚生和非婚生的亲子关系。法律规定,非婚生子女与婚生子女享有同等的权利。自然血亲的父母子女关系因血缘而存在,不能人为解除。因此,平常老百姓所讲的断绝父子关系,只要父子之间具有血亲关系,该父子关系即不可能通过宣布断绝而解除。

父母与子女间的关系,也不因父母离婚而消除。离婚后,子女无论由父或者母直接抚养,仍是父母双方的子女。离婚后,父母对于子女仍有抚养、教育、保护的权利和义务。离婚后，不满两周岁的子女，以由母亲直接抚养为原则。已满两周岁的子女，父母双方对抚养问题协议不成的，由人民法院根据双方的具体情况，按照最有利于未成年子女的原则判决。子女已满八周岁的，应当尊重其真实意愿。

*** 法条链接 ***

1. 民法典婚姻家庭编第一千零七十一条规定：非婚生子女享有与婚生子女同等的权利，任何组织或者个人不得加以危害和歧视。

不直接抚养非婚生子女的生父或者生母，应当负担未成年子女或者不能独立生活的成年子女的抚养费。

2. 民法典婚姻家庭编第一千零八十四条规定：父母与子女间的关系，不因父母离婚而消除。离婚后，子女无论由父或者母直接抚养，仍是父母双方的子女。

离婚后，父母对于子女仍有抚养、教育、保护的权利和义务。

离婚后，不满两周岁的子女，以由母亲直接抚养为原则。已满两周岁的子女，父母双方对抚养问题协议不成的，由人民法院根据双方的具体情况，按照最有利于未成年子女的原则判决。子女已满八周岁的，应当尊重其真实意愿。

3. 民法典婚姻家庭编第一千零八十五条规定：离婚后，子女由一方直接抚养的，另一方应当负担部分或者全部抚养费。负担费用的多少和期限的长短，由双方协议；协议不成的，由人民法院判决。

前款规定的协议或者判决，不妨碍子女在必要时向父母任何一方提出超过协议或者判决原定数额的合理要求。

4. 民法典婚姻家庭编第一千零八十六条规定：离婚后，不直接抚养子女的父或者母，有探望子女的权利，另一方有协助的义务。

行使探望权利的方式、时间由当事人协议；协议不成的，由人民法院判决。

父或者母探望子女，不利于子女身心健康的，由人民法院依法中止探望；中止的事由消失后，应当恢复探望。

（三）成年子女对父母的赡养义务

成年子女对缺乏劳动能力或者生活困难的父母有赡养的义务。对于在校大学生而言，一般都年满 18 周岁，属成年人，虽然没有生活来源，但一旦父母由于疾病或其他原因丧失劳动能力或生活困难的，大学生也有义务赡养父母。

那么对于继父母，继子女是否有赡养的义务呢？根据民法典的规定，继父母与继子女间，不得虐待或者歧视。继父或者继母和受其抚养教育的继子女间的权利义务关系，适用本法关于父母子女关系的规定。可见，如果继父母与继子女之间存在抚养教育关系，那么，成年继子女对丧失劳动能力或年老的继父母应承担赡养的义务。

*** 法条链接 ***

1. 民法典婚姻家庭编第一千零六十七条规定：父母不履行抚养义务的，未成年子女或者不能独立生活的成年子女，有要求父母给付抚养费的权利。

成年子女不履行赡养义务的，缺乏劳动能力或者生活困难的父母，有要求成年子女给付赡养费的权利。

2. 民法典婚姻家庭编第一千零七十二条规定：继父母与继子女间，不得虐待或者歧视。

继父或者继母和受其抚养教育的继子女间的权利义务关系，适用本法关于父母子女关系的规定。

（四）父母子女相互尊重婚姻权利

民法典明确规定子女应当尊重父母的婚姻权利，不得干涉父母离婚、再婚以及婚后的生活。子女对父母的赡养义务，不因父母的婚姻关系变化而终止。婚姻自由是我国婚姻制度的基石，受到宪法和法律的保障，它亦是公民依法享有的一项基本权利和自由。不仅父母不能干涉子女的婚姻自由，子女也不能干涉父母的婚姻自由。

*** 法条链接 ***

民法典婚姻家庭编第一千零六十九条规定：子女应当尊重父母的婚姻权利，不得干涉父母离婚、再婚以及婚后的生活。子女对父母的赡养义务，不因父母的婚姻关系变化而终止。

（五）兄弟姐妹之间权利义务关系

兄弟姐妹之间的权利义务关系也是婚姻家庭法的重要调整对象。兄弟姐妹之间的权利义务关系包括以下几方面。

一是兄弟姐妹之间有相互扶养的义务。民法典婚姻家庭编第一千零七十五条规定:“有负担能力的兄、姐,对于父母已经死亡或者父母无力抚养的未成年弟、妹,有扶养的义务。由兄、姐扶养长大的有负担能力的弟、妹,对于缺乏劳动能力又缺乏生活来源的兄、姐,有扶养的义务。”据此,兄、姐有负担能力的,对于其未成年的弟、妹,如果其父母已经死亡或父母虽未死亡但无力抚养的,有扶养的义务。弟、妹由兄、姐扶养长大后,如兄、姐缺乏劳动能力又缺乏生活来源,弟、妹对该兄、姐有扶养的义务。

二是兄弟姐妹之间有相互继承遗产的权利。根据民法典继承编第一千一百二十七条的规定,兄弟姐妹作为第二顺位的法定继承人,如其无第一顺序的继承人,则兄弟姐妹依法有权继承被继承人的遗产。

三是兄弟姐妹之间的监护权利义务关系。根据民法典第二十七条规定:“父母是未成年子女的监护人。未成年人的父母已经死亡或者没有监护能力的,由下列有监护能力的人按顺序担任监护人:(一)祖父母、外祖父母;(二)兄、姐;(三)其他愿意担任监护人的个人或者组织,但是须经未成年人住所地的居民委员会、村民委员会或者民政部门同意。”据此,如果未成年人的父母已经死亡或者虽未死亡但没有监护能力,其成年的兄、姐和其祖父母、外祖父母对该未成年人有监护的权利,同时也是其应尽的法定义务。当然,该义务的履行以监护人有监护能力为前提,如其无监护能力,则无须履行此项义务。

三、关于继承的相关规定

继承制度是关于自然人死亡后财富传承的基本制度。1985 年第六届全国人民代表大会第三次会议通过了《中华人民共和国继承法》。随着人民群众生活水平的不断提高,个人和家庭拥有的财产日益增多,因继承引发的纠纷也越来越多。

根据我国社会家庭结构、继承观念等方面的发展变化,民法典修改完善了我国的继承制度。关于遗产的范围,只要是自然人合法取得的财产,都属于遗产,可以被继承,最大限度地保障私有财产继承的需要。游戏装备等网络财产、虚拟货币等都属于遗产范围,可以继承。同时,民法典扩大了继承人的范围,第一顺序继承人为:配偶、子女、父母;第二顺序继承人为:兄弟姐妹、祖父母、外祖父母。被继承人的兄弟姐妹如果先于被继承人死亡的,由被继承人的兄弟姐妹的子女代位继承。也就是将被继承人的侄子、外甥等也纳入了代位继承人的范围。该规定体现了国家对公民私有财产特别是被继承人遗产的尊重。

依据民法典继承编的规定，有下列行为的继承人丧失继承权：（一）故意杀害被继承人；（二）为争夺遗产而杀害其他继承人；（三）遗弃被继承人，或者虐待被继承人情节严重；（四）伪造、篡改、隐匿或者销毁遗嘱，情节严重；（五）以欺诈、胁迫手段迫使或者妨碍被继承人设立、变更或者撤回遗嘱，情节严重。

同时民法典还增加了对继承人的宽恕制度："如果继承人有明确悔改表现，被继承人表示宽恕或者事后在遗嘱中将其列为继承人的，该继承人不丧失继承权。"该规定体现了被继承人支配自己身后遗产的自主意愿。

继承编增加规定了打印遗嘱、录像遗嘱等新的遗嘱形式，满足了人民群众处理遗产的现实需要。随着科学技术的发展，打印和录像在社会生活中的应用已非常普遍。但是基于遗嘱的法定性，司法实践对新形式遗嘱的性质认定标准不一，导致司法裁判结果不统一。民法典顺应时代变化，在继承编中增加规定了打印遗嘱应当有两个以上见证人在场见证，并且遗嘱人和见证人应当在遗嘱每一页签名，注明年、月、日。这一规定保障了打印遗嘱的严谨性，同时确定了打印遗嘱的合法性和有效性。

继承编删除了公证遗嘱效力优先规定，更加充分尊重遗嘱人意愿。有效保障财产权的措施之一是充分尊重和保障财产主体处置其财产的自由，而保障遗嘱人的遗嘱自由也就是保障财产主体处分其财产的自由。继承编对遗嘱效力规则进行了修改，删除了关于公证遗嘱效力优先的规定，方便了老百姓更加便利地得到遗嘱服务，切实体现了遗嘱人的真实意愿，也进一步释放了市场生产力，值得肯定。

*** 法条链接 ***

1. 民法典第一千一百二十二条规定：遗产是自然人死亡时遗留的个人合法财产。

依照法律规定或者根据其性质不得继承的遗产，不得继承。

2. 民法典第一千一百二十五条规定：继承人有下列行为之一的，丧失继承权：

（一）故意杀害被继承人；

（二）为争夺遗产而杀害其他继承人；

（三）遗弃被继承人，或者虐待被继承人，情节严重；

（四）伪造、篡改、隐匿或者销毁遗嘱，情节严重；

（五）以欺诈、胁迫手段迫使或者妨碍被继承人设立、变更或者撤回遗嘱，情节严重。

继承人有前款第三项至第五项行为，确有悔改表现，被继承人表示宽恕或者事后在遗嘱中将其列为继承人的，该继承人不丧失继承权。

受遗赠人有本条第一款规定行为的，丧失受遗赠权。

3. 民法典继承编第一千一百二十七条规定：遗产按照下列顺序继承：

（一）第一顺序：配偶、子女、父母；

（二）第二顺序：兄弟姐妹、祖父母、外祖父母。

继承开始后，由第一顺序继承人继承，第二顺序继承人不继承；没有第一顺序继承人继承的，由第二顺序继承人继承。

本编所称子女，包括婚生子女、非婚生子女、养子女和有扶养关系的继子女。

本编所称父母，包括生父母、养父母和有扶养关系的继父母。

本编所称兄弟姐妹，包括同父母的兄弟姐妹、同父异母或者同母异父的兄弟姐妹、养兄弟姐妹、有扶养关系的继兄弟姐妹。

4. 民法典继承编第一千一百二十八条规定：被继承人的子女先于被继承人死亡的，由被继承人的子女的直系晚辈血亲代位继承。

被继承人的兄弟姐妹先于被继承人死亡的，由被继承人的兄弟姐妹的子女代位继承。

代位继承人一般只能继承被代位继承人有权继承的遗产份额。

5. 民法典继承编第一千一百二十九条规定：丧偶儿媳对公婆，丧偶女婿对岳父母，尽了主要赡养义务的，作为第一顺序继承人。

6. 民法典继承编第一千一百三十条规定：同一顺序继承人继承遗产的份额，一般应当均等。

对生活有特殊困难又缺乏劳动能力的继承人，分配遗产时，应当予以照顾。

对被继承人尽了主要扶养义务或者与被继承人共同生活的继承人，分配遗产时，可以多分。

有扶养能力和有扶养条件的继承人，不尽扶养义务的，分配遗产时，应当不分或者少分。

继承人协商同意的，也可以不均等。

7. 民法典继承编第一千一百三十一条规定：对继承人以外的依靠被继承人扶养的人，或者继承人以外的对被继承人扶养较多的人，可以分给适当的遗产。

8. 民法典继承编第一千一百三十二条规定：继承人应当本着互谅互让、和睦团结的精神，协商处理继承问题。遗产分割的时间、办法和份额，由继承人协商确定；协商不成的，可以由人民调解委员会调解或者向人民法院提起诉讼。

9. 民法典第一千一百三十六条规定：打印遗嘱应当有两个以上见证人在场见证。遗嘱人和见证人应当在遗嘱每一页签名，注明年、月、日。

以上从家庭暴力、父母子女关系、继承三方面展现了家庭法律关系的内容。希望大学生能在法律的指引下，树立优良家风，弘扬家庭美德，敬老爱幼，互相帮助，维护平等、和睦、文明的家庭关系。

【思考题】

1. 对于继父母，继子女是否有赡养的义务？
2. 哪些人属于法定继承人？
3. 遗嘱可采用什么形式？